Christian Reinschmidt
und Christian Hensel

Ab ins WASSER!

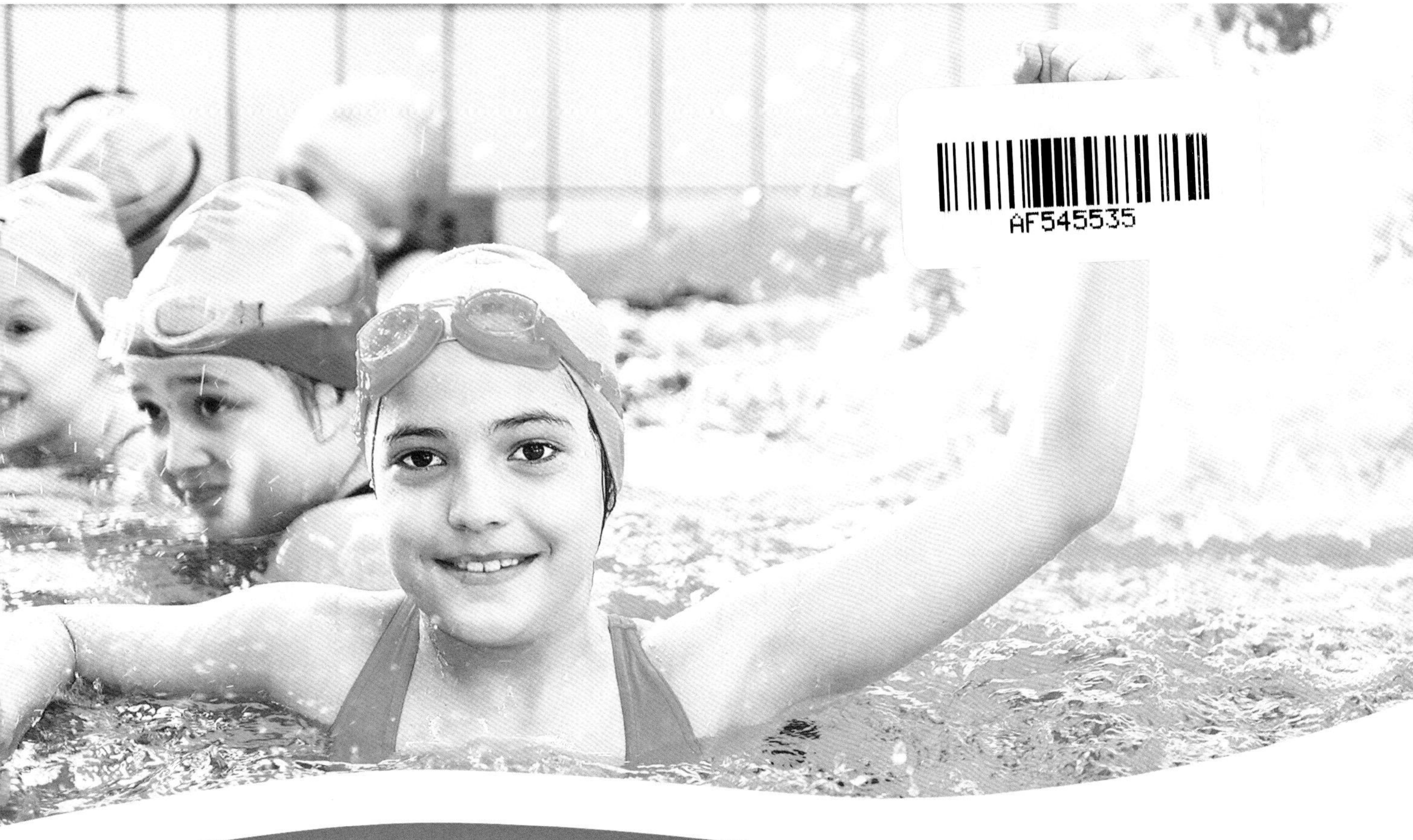

TECHNIK, KONDITION und KOOPERATION im Schwimmunterricht spielerisch trainieren

Verlag an der Ruhr

Impressum

Titel
Ab ins Wasser!
Technik, Kondition und Kooperation im Schwimmunterricht spielerisch trainieren

Autoren
Christian Reinschmidt, Christian Hensel

Umschlagmotiv und Kapiteldeckblätter
© seyomedo – Shutterstock.com

Illustrationen
Wenn nicht anders angegeben: Norbert Höveler

Druck
AZ Druck und Datentechnik GmbH, Kempten, DE

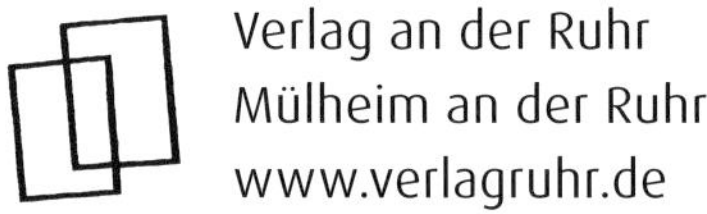
Verlag an der Ruhr
Mülheim an der Ruhr
www.verlagruhr.de

Geeignet für die Klassen 3–10

ISBN 978-3-8346-6030-5

Inhaltsverzeichnis

Einführung

Spielerisch zur richtigen Technik

Inhaltsverzeichnis

Inhaltsverzeichnis

Vorwort

Die Idee, die hinter dem Buch **„Ab ins Wasser!"** steht, ist folgende: Durch unterschiedliche Spiele üben die Kinder mit einer hohen Motivation, sammeln **vielfältige Bewegungserfahrungen** in den einzelnen Schwimmtechniken, schulen ihre Kondition und **verbessern ihre Schwimmfähigkeit** auf spielerische Art. Gleichzeitig wird das **soziale Miteinander** gefördert.

Die Schüler*innen[1] lernen die Schwimmtechniken somit nicht allein über die bekannten Übungsreihen, sondern auch über die **neuen Spielideen**, die im Buch vorgestellt werden. Natürlich wird die Umsetzung des Geübten in einer Spielform nicht immer gleich optimal gelingen, aber das spielerische Schwimmen soll Freude bereiten und die Schwimmstunde als **positives Bewegungserlebnis** wahrgenommen werden. Die Kinder bekommen Lust auf mehr Bewegung im Wasser und kommen mit einer freudigen Erwartungshaltung in die nachfolgenden Schwimmstunden. Vielleicht gelingt es damit, die Kinder über das spielerische Schwimmen zu einem regelmäßigen Schwimmbadbesuch und darüber hinaus für die Aktivitäten der Schwimmsport treibenden Vereine zu motivieren. Das Erlernen einer Schwimmtechnik soll einerseits **Spaß** bereiten und andererseits das Bewegungsrepertoire der Kinder erweitern und die **Sicherheit der Kinder im Wasser** verbessern – das spielerische Schwimmen ist der Schlüssel dazu.

Dass Spielformen im Schwimmunterricht eingebaut werden, ist kein grundlegend neuer Gedanke. Spielerisches Aufwärmen und ein Abschlussspiel (meist eine Schwimmstaffel) sind **häufige Rituale in Schwimmstunden**. Im Gegensatz dazu besteht unser **Ansatz** aber darin, auch im Hauptteil der Stunde, sowohl **in der Phase des Erlernens** einer Schwimmtechnik als auch bei **der Verbesserung der konditionellen Fähigkeiten**, verschiedene Spielformen einzusetzen und die vielen Vorteile von spielerischem Schwimmen für den Lernerfolg zu nutzen.

Bei näherer Betrachtung der Frage, was eigentlich kindgerechter Schwimmunterricht ist und wie man dieser Anforderung nachkommen kann, spricht vieles für das **spielerische Schwimmen**. Die Schwimmstunde soll Freude bereiten, neue Reize setzen, Herausforderungen und motivierende Wettkampfsituationen anbieten, Neugierde auf weitere Schwimmstunden wecken, Kooperation mit Gleichaltrigen fördern, die Kreativität anregen u. v. m. Mit dem spielerischen Schwimmen werden all diese Anforderungen erfüllt. Tauchen Sie ein in die zahlreichen Ideen, die wir Ihnen in drei Kapiteln **zur richtigen Technik, Verbesserung der konditionellen Fähigkeiten und Kooperation und sozialen Kompetenz** zusammengestellt haben. Alle vorgeschlagenen Spiele stellen eine **sinnvolle Ergänzung** zu den bisher bekannten klassischen Übungsreihen dar.

In diesem Sinne: Ab ins Wasser! Probieren Sie es einfach aus und lassen Sie sich vom positiven Ergebnis und Erlebnis überzeugen.

Christian Reinschmidt und Christian Hensel

---

[1] Der Verlag an der Ruhr legt großen Wert auf eine geschlechtergerechte und inklusive Sprache. Daher nutzen wir das Gendersternchen, um sowohl männliche und weibliche als auch nichtbinäre Geschlechtsidentitäten einzuschließen. Alternativ verwenden wir neutrale Formulierungen. In Texten für Schüler*innen finden sich aus didaktischen Gründen neutrale Begriffe bzw. Doppelformen.

Einführung

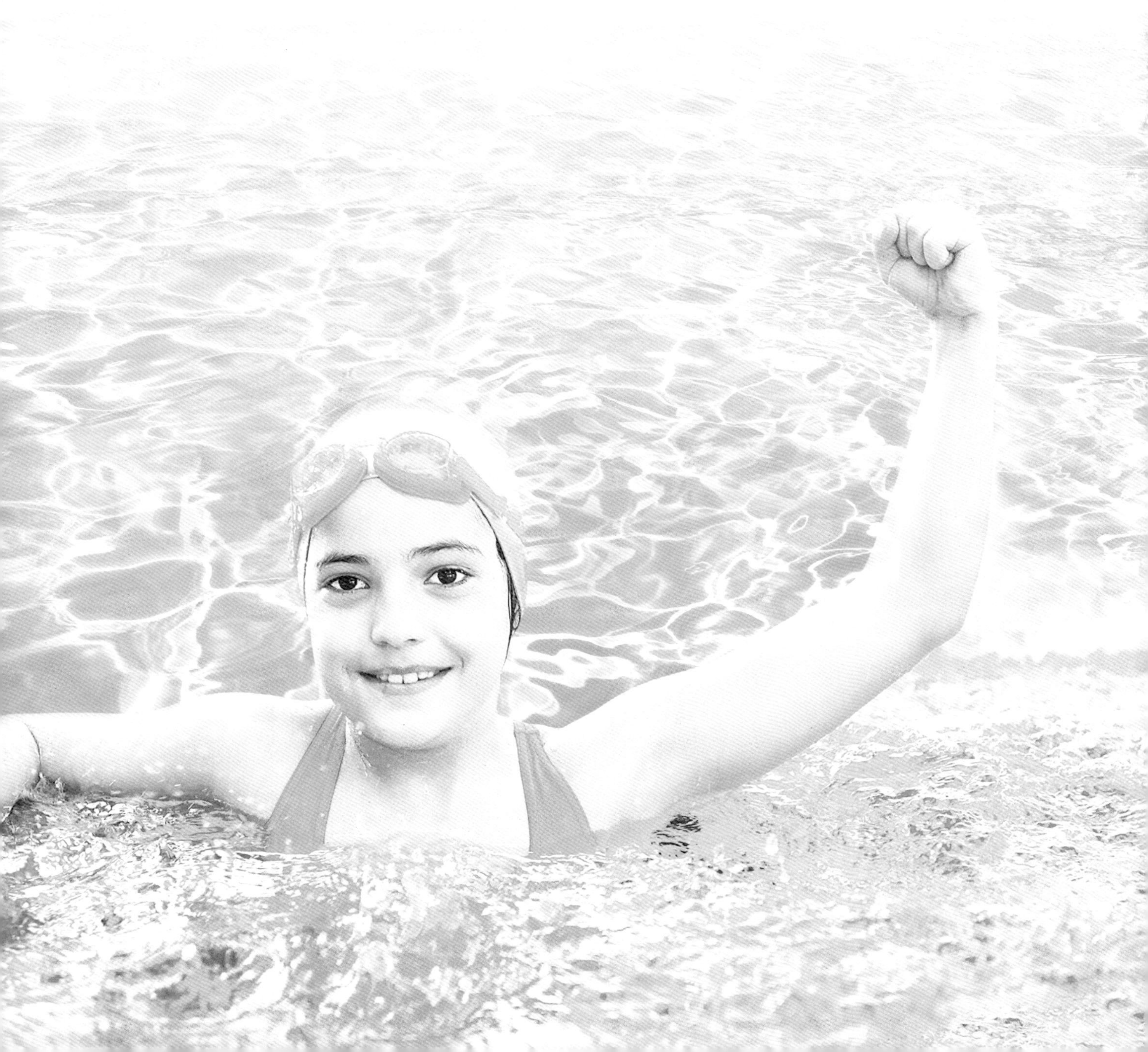

Tipps für den Schwimmunterricht

Im Gegensatz zum Unterricht im Klassenzimmer oder der Sporthalle findet der Schwimmunterricht selten während der gesamten Schullaufbahn statt. Dementsprechend fehlt es den Schüler*innen häufig an **einem routinierten Umgang mit Schwimmunterricht**. Die folgenden Tipps sollen Ihnen helfen, einen sicheren und effektiven Schwimmunterricht durchzuführen.

Vor der ersten Schwimmstunde

Holen Sie sich bereits vor der ersten Unterrichtsstunde mithilfe eines Elternbriefs eine Rückmeldung zum **Schwimm-Leistungsstand jedes Kindes** ein (z. B. durch die Eltern eingeschätzte Schwimmfähigkeit und eventuell vorhandene Schwimmabzeichen).

- ✓ Beachten Sie die **schulischen Besonderheiten** beim Weg von der Schule zum Schwimmbad (gemeinsame Busfahrt, selbstständige Anfahrt) und besprechen Sie das Vorgehen.
- ✓ Machen Sie die Schüler*innen mit den **Gegebenheiten vor Ort** vertraut. Zeigen Sie ihnen Umkleideräume, Duschräume, sanitäre Anlagen und den Beckenbereich.
- ✓ Vergewissern Sie sich, welche **Materialien im Schwimmbad** zur Verfügung stehen.
- ✓ Vereinbaren Sie mit den Schüler*innen **feste Rituale** für den Unterricht, die für das gesamte Schuljahr Gültigkeit haben.
- ✓ Informieren Sie sich, wo sich im Schwimmbad Materialien für eine **medizinische Erstversorgung** befinden und wo die Absetzung eines Notrufs möglich ist.

Während des Schwimmunterrichts

- ✓ Achten Sie darauf, dass kein*e Schüler*in vor Ihnen den **Beckenbereich betritt**.
- ✓ Die **Sicherheit** steht an erster Stelle. Machen Sie sich Gedanken dazu, wie Nichtschwimmer*innen eingebunden und gefördert werden können.
- ✓ Lassen Sie die Schüler*innen im Wasser niemals aus Ihrem **Blickfeld**.
- ✓ Sprechen Sie zu den Schüler*innen von einer **erhöhten Position aus**, z. B. von einem Startblock, um alle im Blick zu haben. Von Demonstrationen der Lehrperson im Wasser wird abgeraten.
- ✓ Treffen Sie mit Ihren Schüler*innen feste **Vereinbarungen und Verhaltensregeln**, die immer dann gelten, wenn Sie etwas erklären. Nur so ist es möglich, dass Ihre Erklärungen trotz des Geräuschpegels im Schwimmbad verstanden werden können.
- ✓ Erklären Sie den Schüler*innen **die Organisation auf einer Schwimmbahn**. Haben Sie nur eine Bahn zur Verfügung, so wird in der Regel hintereinander gegen den Uhrzeigersinn geschwommen.
- ✓ Bauen Sie **passiv teilnehmende Schüler*innen** in den Unterricht mit ein.

Nach dem Schwimmunterricht

- ✓ Planen Sie die **Zeit für die Strecke** zwischen Schwimmbad und Schule ein.
- ✓ Vergewissern Sie sich, dass alle Schüler*innen den **Nassbereich verlassen** haben.
- ✓ Schützen Sie die Schüler*innen vor **Erkältungen** und legen Sie Wert darauf, dass in der kalten Jahreszeit Haare geföhnt oder Mützen getragen werden.
- ✓ Behalten Sie den **Überblick** und überzeugen Sie sich, dass alle Schüler*innen das Schwimmbad verlassen haben.

Ein Blick über den Beckenrand

Bei Befragungen nach ihren **liebsten Hobbys** antworten Kinder und Jugendliche sehr häufig mit „schwimmen gehen". Wenn die Grundstimmung zum Themenbereich Schwimmen so positiv ist, dann überrascht die Tatsache, dass nur ein ganz kleiner Teil der Befragten **schwimmsportlich im Verein aktiv** ist. Kinder und Jugendliche verbinden mit „Schwimmengehen" das Spielen im Wasser, das Springen ins Wasser, das spielerische Tauchen und das gemeinsame Erlebnis mit Freund*innen. Als Autoren dieses Buchs wünschen wir uns, dass sich **diese positive Grundeinstellung** zum Bewegen im Wasser auch **im Vereins- und Schulschwimmen** widerspiegelt, und zeigen Ihnen, wie Sie mit einem **spielerischen Ansatz** sowohl im Schulschwimmen als auch im Vereinsschwimmen die Begeisterung der Kinder und Jugendlichen weiter fördern können.

Für das Schulschwimmen gilt: Lassen Sie sich nicht durch Zeitdruck, heterogene Leistungsvoraussetzungen oder geringe Wasserflächen den Spaß am Schwimmunterricht nehmen. Mit unseren Spielideen möchten wir Ihnen helfen, **auch unter erschwerten Rahmenbedingungen** einen Schwimmunterricht durchzuführen, der die Schüler*innen begeistert. Sie bekommen von uns **zahlreiche Spielideen** an die Hand, mit denen Sie schnell und einfach auch unter ungünstigen Bedingungen einen ansprechenden und lernförderlichen Schwimmunterricht durchführen können.

Für den Schwimmverein gilt: Verlassen Sie übungsorientiertes Einüben der Schwimmtechniken und eintöniges Bahnenschwimmen. Wir zeigen Ihnen, dass Sie monotone Übungsreihen mit einem spielerischen Ansatz ganz einfach motivierend für alle Trainingsteilnehmenden umgestalten können.

Auch wenn das Buch zahlreiche Tipps liefert, wie bei Kindern und Jugendlichen die **Begeisterung für den Schwimmsport** gefördert werden kann, wünschen wir uns darüber hinaus, dass auch **folgende Punkte optimiert** werden:

- ✔ Die **Rahmenbedingungen beim Schulschwimmen** sollten verbessert werden. Eine zweite Lehrkraft, damit jedes Kind auf seinem Niveau gefördert werden kann, wäre ein guter Ansatz. Durch Spielformen sollte die Bewegungsfreude der Kinder im Wasser gefördert werden. Dafür ist aber ein ausreichendes Platzangebot notwendig.
- ✔ Die seit Jahren **anhaltende Schließung der Lehrschwimmerbecken** (häufig in Schulen) sollte gestoppt werden und eine gegenläufige Entwicklung wäre wünschenswert.
- ✔ Auch **Leistungsschwimmer*innen** waren einmal Nichtschwimmer*innen. Durch einen spielerischen Ansatz beim Erlernen der Schwimmtechniken werden die Kinder in ihrer Motivation gestärkt und haben Freude an der Bewegung im Wasser. Vermitteln Sie, wann immer es geht, die Übungen spielerisch!
- ✔ Schwimmen ist **mehr als nur Bahnen ziehen** – auch Nachwuchsschwimmer*innen freuen sich, wenn das Schwimmtraining durch Spielformen abwechslungsreich gestaltet und von der konditionellen Belastung abgelenkt wird.

... damit die Kinder nicht nur vom Lieblingshobby sprechen, sondern auch Lust darauf bekommen, dieses Hobby in einem Verein aktiv durchzuführen!

Die Spielideen auf einen Blick

Seite	Spielidee	Becken	Anspruch	Material	Klasse	Zeit
	Die Kraultechnik					
15	Kraulende Cowboys und Cowgirls	Nichtschwimmerbecken	mittel	Schwimmnudeln	3–5	5 min
16	Im Team geht´s besser	Nichtschwimmerbecken	gering	Schwimmnudeln	3–5	10 min
17	2-Motoren-Boot	Nichtschwimmerbecken	hoch	Schwimmbretter	3–7	10 min
18	10 Sekunden zum Sieg!	Nichtschwimmerbecken	mittel	Schwimmbretter	3–8	10 min
19	Glückstreffer im Team	Schwimmerbecken	mittel	Schwimmbretter, Kopiervorlage	3–10	15 min
21	Gold – Silber – Bronze	Nichtschwimmerbecken	hoch	Schwimmbretter	5–10	15 min
	Die Brusttechnik					
23	Ente gut, alles gut!	Nichtschwimmerbecken	gering	Schwimmbretter, Schwimmenten	3–4	10 min
24	Schwimmnudeltausch	Nichtschwimmerbecken	gering	Schwimmnudeln	3–4	10 min
25	Weniger ist mehr!	Nichtschwimmerbecken oder Schwimmerbecken	mittel	Schwimmbretter	3–8	15 min
26	Synchron zum Sieg!	Nichtschwimmerbecken oder Schwimmerbecken	hoch	Schwimmnudeln oder Schwimmbretter	4–8	10 min
27	Mit Denksport zum Sieg!	Schwimmerbecken	mittel	evtl. Schwimmbretter	5–10	15 min
	Die Rückentechnik					
29	Die schnellste Schwimmnudelmannschaft	Nichtschwimmerbecken	mittel	Schwimmnudeln	3–5	10 min
30	Der Rücken-Zwilling	Nichtschwimmerbecken	gering	Schwimmbretter	3–8	10 min
31	Karten-Zauber	Schwimmerbecken	mittel	Skat-Kartenspiel, Schwimmbretter	5–10	15 min
32	Rücken-Memo	Nichtschwimmerbecken	hoch	Kopiervorlage	5–10	15 min
34	Rückenfreundliche Challenge	Schwimmerbecken	hoch	Schwimmbretter	5–10	10 min
35	Wassertransport in Rückenlage	Nichtschwimmerbecken	hoch	Becher, Eimer	6–10	10 min

Die Spielideen auf einen Blick

Seite	Spielidee	Becken	Anspruch	Material	Klasse	Zeit
	Die Delfintechnik					
37	Hindernisschwimmen der Delfine	Nichtschwimmerbecken	mittel	Schwimmbretter, Schwimmnudeln u. Ä.	3–5	5 min
38	Buchstabe oder Zahl	Nichtschwimmerbecken	mittel	Kopiervorlage	3–5	10 min
40	Korkenzieher	Nichtschwimmerbecken	mittel	keines	5–10	5 min
41	Gegenteilspiel	Nichtschwimmerbecken	mittel	Kopiervorlage, Haushaltsgummis	5–10	10 min
43	Wer schwimmt in die Champions League?	Nichtschwimmerbecken	hoch	keines	7–10	10 min
	Die Start- und Wendetechnik					
46	Synchrone Sprungakrobatik	Schwimmerbecken	mittel	keines	3–5	10 min
47	Würfel dir deinen Sprung!	Schwimmerbecken	mittel	Würfel, Kopiervorlage	3–10	10 min
49	Wendestaffel	Nichtschwimmerbecken	gering	keines	5–10	10 min
50	Königreich der Regungslosen	Schwimmerbecken	mittel	Pylonen	7–10	10 min
51	Auf Pfiff geht's rund!	Schwimmerbecken	hoch	Pfeife	7–10	10 min
	Aerobe Ausdauer					
55	Flunkergeschichten	Schwimmerbecken	gering	evtl. Schwimmbretter	3–7	15 min
56	Erfolgreich im 6er-Team	Schwimmerbecken	mittel	Stoppuhr, Würfel	3–10	15 min
57	Schwimm dich fit durch Deutschland!	Schwimmerbecken	mittel	Kopiervorlage, Schwimmbretter	5–10	15 min
60	Entscheide dich!	Schwimmerbecken	gering	Kopiervorlage	5–10	10 min
62	Schwimm deine Handynummer!	Schwimmerbecken	mittel	Kopiervorlage	6–10	15 min
64	Verfolgungsjagd	Nichtschwimmerbecken	hoch	keines	8–10	10 min
	Schnelligkeit					
66	Wer baut am schnellsten?	Nichtschwimmerbecken	mittel	Bausteine, Bauplatte	3–5	10 min
67	Schwimmzeiten-Bingo	Schwimmerbecken	mittel	digitale Stoppuhr, Kopiervorlage	3–7	15 min
69	Vokale zählen	Nichtschwimmerbecken oder Schwimmerbecken	mittel	Kopiervorlage	3–8	15 min

Die Spielideen auf einen Blick

Seite	Spielidee	Becken	Anspruch	Material	Klasse	Zeit
	Schnelligkeit					
72	Unterwegs auf der Autobahn	Nichtschwimmerbecken	mittel	Kopiervorlage	3–10	15 min
76	Wer kann das C-B-A am schnellsten?	Schwimmerbecken	mittel	keines	5–10	15 min
77	Wortfindung	Schwimmerbecken	mittel	keines	5–10	15 min
	Kraft					
79	Quadratisch, praktisch, Kraft	Nichtschwimmerbecken	mittel	Schwimmbretter, Kopiervorlage	3–7	10 min
81	Kraularme gegen Kraularme	Nichtschwimmerbecken	hoch	Schwimmnudeln	3–10	5 min
82	Tic Tac Toe	Nichtschwimmerbecken	hoch	Haushaltsgummis, Kopiervorlage	5–10	10 min
84	Buchstaben-Zwillinge	Schwimmerbecken	mittel	Schwimmbretter, Schwimmnudeln	5–10	10 min
85	Rettung in Sicht!	Schwimmerbecken	hoch	Schwimmnudeln	5–10	10 min
	Wassergefühl und Koordination					
87	Kraulquappe und Co.	Nichtschwimmerbecken	mittel	Schwimmbretter	3–4	15 min
90	Schwebend auf dem Wasser	Nichtschwimmerbecken	hoch	2 Schwimmbretter	3–4	10 min
92	Synchron im 3er-Team	Schwimmerbecken	hoch	keines	3–7	10 min
93	Zeitlupenschwimmen	Schwimmerbecken	hoch	keines	3–10	10 min
94	Wer schwimmt eine aufsteigende Zahlenfolge?	Schwimmerbecken	mittel	digitale Stoppuhr, Kopiervorlage	3–10	10 min
96	Zeitgleich durchs Wasser	Schwimmerbecken	mittel	digitale Stoppuhr, Kopiervorlage	5–10	15 min
98	Glückskombination	Schwimmerbecken	hoch	Kopiervorlage	7–10	15 min
	Kooperation					
103	Laufendes Tierarztteam	Nichtschwimmerbecken	gering	versch. Utensilien	3–5	10 min
104	Kreisball im Sitzkreis	Nichtschwimmerbecken	mittel	Schwimmbretter, Ball	3–6	10 min
105	Werttransport	Nichtschwimmerbecken	mittel	Becher	3–7	5 min
106	Flotter Reifen	Nichtschwimmerbecken	gering	Reifen	3–7	5 min
107	Alle sind wichtig!	Schwimmerbecken	mittel	Schwimmbretter	4–10	10 min
108	Im Team zum Sieg	Nichtschwimmerbecken	gering	2 Wasserbälle	4–10	5 min

Spielerisch ...

zur richtigen Technik

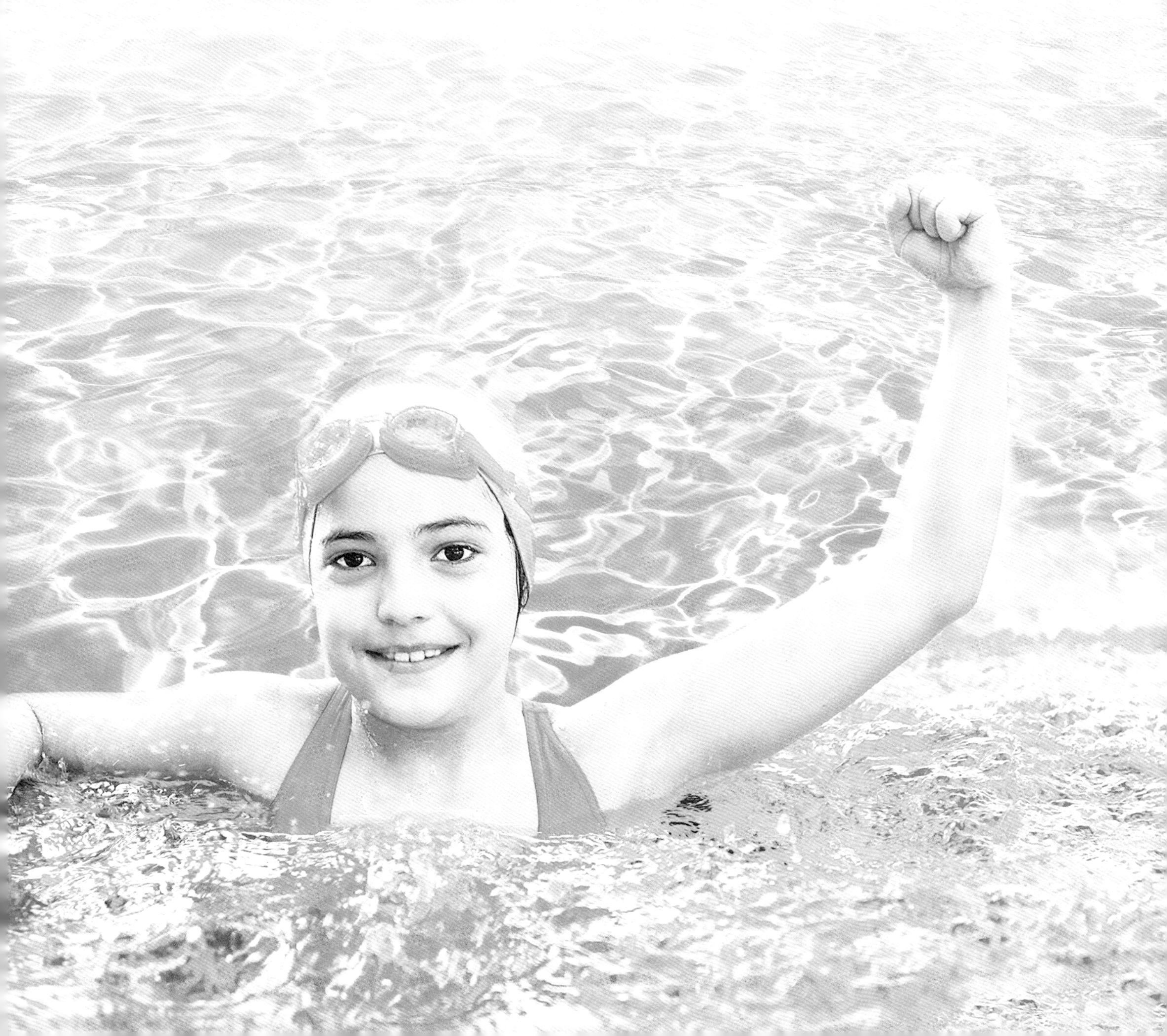

Die Kraultechnik – auf den Punkt gebracht!

So geht's

- Der Armzug wird in eine Überwasserphase und eine Unterwasserphase eingeteilt. In der Überwasserphase wird der Arm von der Hüfte über der Wasseroberfläche nach vorn geschwungen und in Verlängerung der Schulter eingetaucht. Die Reihenfolge des Eintauchens heißt: Hand, Unterarm, Ellbogen, Oberarm, Schulter. In der Unterwasserphase macht die Hand eine kurvenförmige Bewegung durch die drei Phasen: Wasserfassen, Zugphase, Druckphase. Dabei führt die Hand zunächst eine leichte Außen-, dann eine lang gezogene Innen- und schließlich noch einmal eine leichte Außenkurve durch.
- Der Beinschlag beim Kraulschwimmen ist ein Wechselbeinschlag mit einer Aufwärts- und Abwärtsbewegung. Die Bewegung wird in der Hüfte initiiert.
- Die Einatmung findet durch eine seitliche Drehung des Kopfes statt, die Ausatmung sollte gegen den Wasserdruck unter Wasser durchgeführt werden.
- Die stromlinienförmige Wasserlage beim Kraulschwimmen reduziert den Wasserwiderstand und beschleunigt das Fortkommen im Wasser.

Das ist wichtig

- Der Hauptvortrieb wird durch die Armarbeit erzeugt, trotzdem ist die Beinarbeit für das richtige Zusammenspiel der Arme und Beine von großer Bedeutung und stabilisiert die Wasserlage.
- Für viele Schüler*innen ist die Atmung beim Kraulschwimmen die größte Herausforderung. Weisen Sie die Schüler*innen immer wieder auf die vollständige Ausatmung unter Wasser hin, damit dieser elementare Teil der Gesamtkoordination eingeübt wird.
- Das bekannte Motto „Kraulschwimmen lernt man durch Kraulschwimmen" besagt, dass bei dieser Schwimmlage regelmäßig geübt werden muss, damit sich die Schüler*innen der Zielbewegung nähern.

Gut zu wissen!

Kraulschwimmen ist die schnellste Schwimmlage. Im Wettkampfschwimmen wird bei allen Freistilstrecken – in der Regel – nur Kraul geschwommen.

... und so sieht es aus:

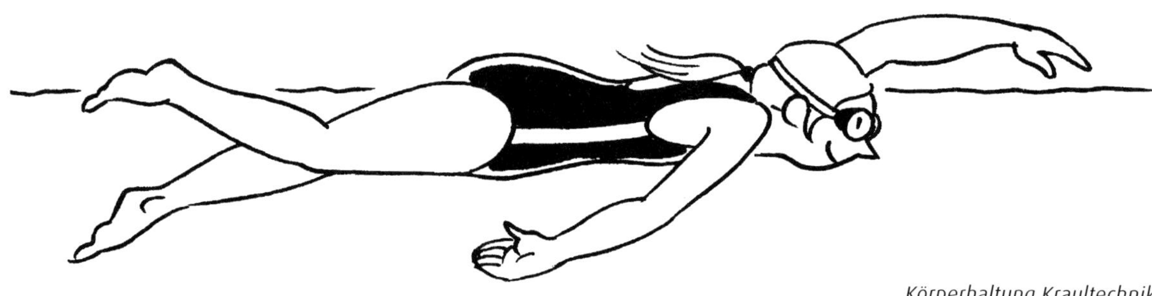

Körperhaltung Kraultechnik

Kraulende Cowboys und Cowgirls

- **Ziele:** Sammeln von Bewegungserfahrungen mit der kraulenden Armbewegung
- **Klassenstufe:** 3–5
- **Anspruch:** mittel
- **Becken:** Nichtschwimmerbecken
- **Dauer:** ca. 5 Minuten
- **Material:** pro Schüler*in 1 Schwimmnudel

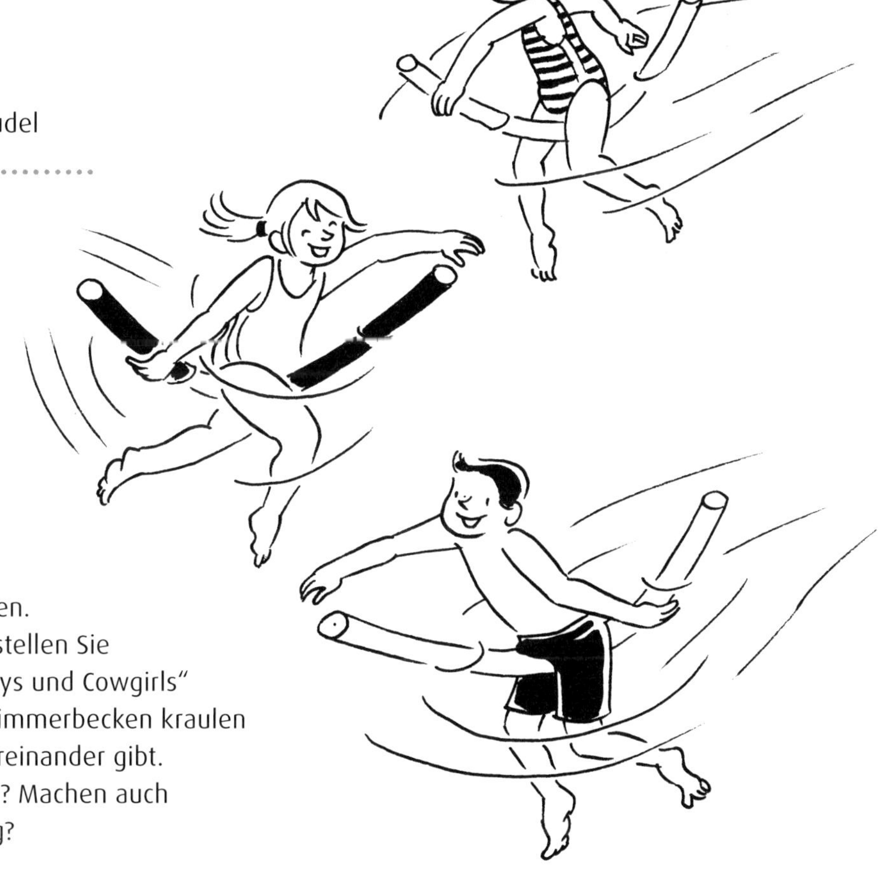

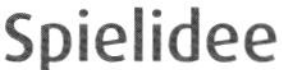

Spielidee

Alle Schüler*innen sitzen auf je einer Schwimmnudel und dürfen sich nur durch die Kraularmzugbewegung durch das Nichtschwimmerbecken bewegen. Alle Schüler*innen müssen sich immer vorwärtsbewegen und sollen dabei aber auf die kraulenden Mitschüler*innen achten. Nach einer kurzen Eingewöhnungsphase stellen Sie die Aufgabe, dass die „kraulenden Cowboys und Cowgirls" genau 1 Minute lang durch das Nichtschwimmerbecken kraulen sollen, ohne dass es eine Berührung untereinander gibt. Schafft die Gruppe diese Herausforderung? Machen auch alle Schüler*innen die Kraularmbewegung?

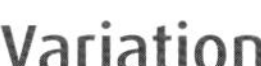

Variation

Immer zwei „kraulende Cowboys und Cowgirls" schwimmen nebeneinander (ausreichend Abstand halten) eine Querbahn im Nichtschwimmerbecken und versuchen, sich dabei im gleichen Tempo fortzubewegen.

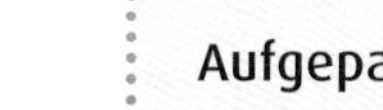

Tipp:
Erklären und üben Sie mit den Schüler*innen vorab, wie die Kraularmbewegung aussehen soll, damit keine großen und ausladenden Bewegungen gemacht werden.

Aufgepasst!
Falls das Kreuz-und-quer-Schwimmen durch das Nichtschwimmerbecken für Ihre Altersgruppe zu anspruchsvoll ist, wählen Sie die geordnete Form des Bahnenschwimmens!

Im Team geht's besser

- ✔ **Ziele:** Verbesserung der Kraulbeinschlagbewegung und Schulung der Orientierungsfähigkeit unter Belastung
- ✔ **Klassenstufe:** 3–5
- ✔ **Anspruch:** gering
- ✔ **Becken:** Nichtschwimmerbecken
- ✔ **Dauer:** ca. 10 Minuten
- ✔ **Material:** pro 3er-Team 1 Schwimmnudel

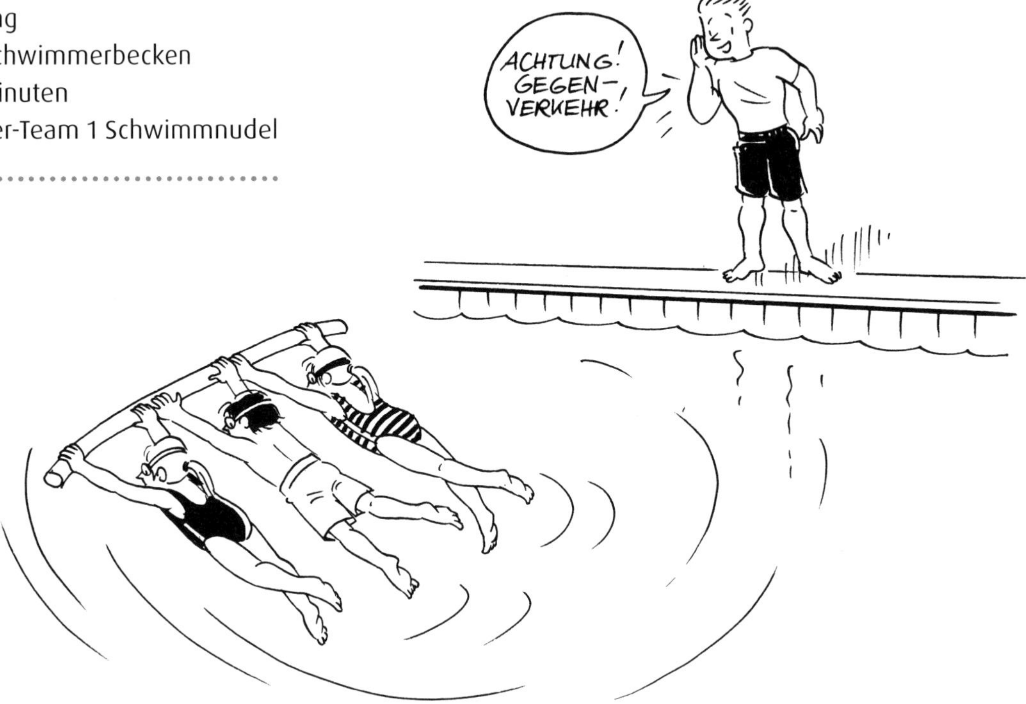

Spielidee

Lassen Sie die Schüler*innen für dieses Spiel 3er-Teams bilden. Jedes Team erhält eine Schwimmnudel. Alle drei Schüler*innen halten sich nebeneinander an der Schwimmnudel fest und versuchen, durch den gemeinsamen Kraulbeinschlag kreuz und quer durch das Nichtschwimmerbecken zu schwimmen. Das Ziel aller Teams ist es, dass sich keine Schwimmnudeln berühren. Nach einer kurzen Eingewöhnungsphase geben Sie das Startkommando. Ab jetzt darf es eine Minute lang keine Schwimmnudelberührung geben. Lassen Sie die Spielform mehrfach wiederholen, sodass das Ergebnis evaluiert und anschließend optimiert werden kann.

Variation

Auf der 25-Meter-Bahn starten die 3er-Teams alle 10 Sekunden, eine schnelle Bahn zu schwimmen. Welche Mannschaft kann das 3er-Team, das vorher gestartet ist, einholen?

Tipp:

Die Schüler*innen sollten die Kraulbeinschlagbewegung schon einmal ausprobiert haben, damit eine Bewegungsvorstellung vorhanden ist.

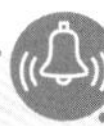

Aufgepasst!

Schüler*innen, für die die Kraulbeinschlagbewegung noch herausfordernd ist, sollten im 3er-Team möglichst an eine der beiden Außenpositionen eingeteilt werden.

2-Motoren-Boot

- **Ziele:** Verbesserung und Vertiefung der Kraularmzugbewegung sowie Schulung der Arm-Bein-Koordination bei gleichzeitiger Anpassung an ein Teammitglied (Umstellungs- und Rhythmisierungsfähigkeit)
- **Klassenstufe:** 3–7
- **Anspruch:** hoch
- **Becken:** Nichtschwimmerbecken
- **Dauer:** ca. 10 Minuten
- **Material:** pro 2er-Team 1 Schwimmbrett

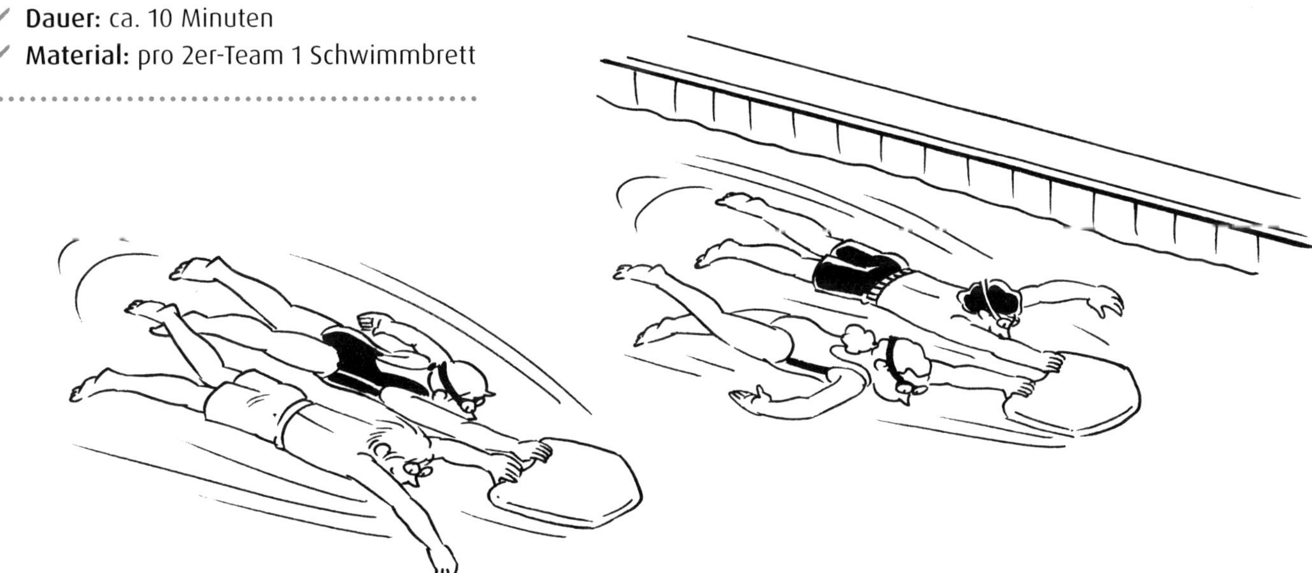

Spielidee

Je zwei Schüler*innen bilden ein Schwimmpaar und erhalten ein Schwimmbrett. Sie stellen sich im Nichtschwimmerbecken nebeneinander auf, legen den partnernahen Arm gestreckt auf das Schwimmbrett und stoßen sich gemeinsam von der Wand ab. Mit dem jeweils äußeren Arm werden die zuvor geübten Kraularmzugbewegungen ausgeführt. Die Beine dürfen mit der Kraulbeinbewegung den Vortrieb (und Auftrieb) unterstützen. Welches der „2-Motoren-Boote" schafft es, eine ganze Bahn im Nichtschwimmerbecken zu schwimmen, ohne stehen zu bleiben und den Boden zu berühren? Jedes Schwimmpaar bekommt vier Versuche.

Variation

Damit die Kraularmzugbewegung mit beiden Armen geübt wird, tauschen die Partner*innen nach jedem Durchgang ihre Plätze.

Tipp:

Wenn die Spielidee von den Schüler*innen gut umgesetzt wird, können Sie auch ein kleines Wettspiel daraus machen. Welches 2-Motoren-Boot fährt am schnellsten über eine Schwimmbahn?

Aufgepasst!

Beachten Sie, dass die Schwimmpaare während des Schwimmens ausreichend Platz nach rechts und links haben.

10 Sekunden zum Sieg!

- ✔ **Ziele:** Verbesserung der Kraulbeinschlagbewegung und der Schnelligkeit
- ✔ **Klassenstufe:** 3–8
- ✔ **Anspruch:** mittel
- ✔ **Becken:** Nichtschwimmerbecken
- ✔ **Dauer:** ca. 10 Minuten
- ✔ **Material:** pro Schüler*in 1 Schwimmbrett

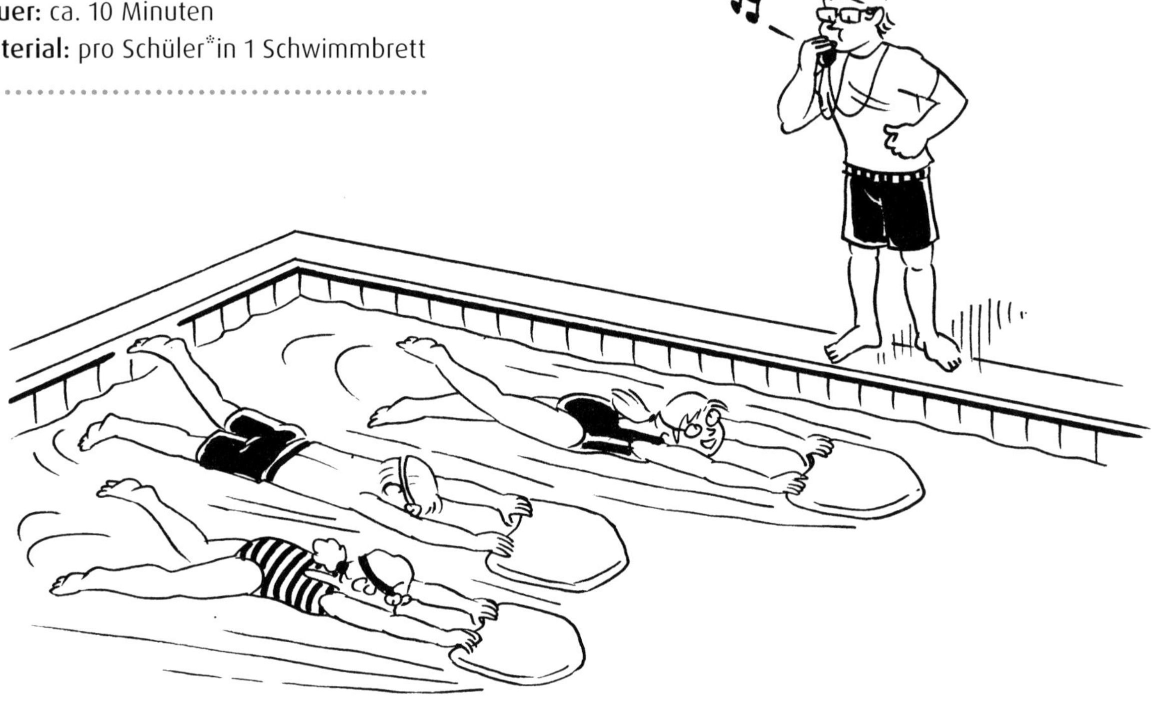

Spielidee

Geben Sie ein Startkommando. Mit dem Startkommando stoßen sich die Schüler*innen mit dem Schwimmbrett in den Händen vom Beckenrand des Nichtschwimmerbeckens ab und versuchen, mit einer intensiven Kraulbeinschlagbewegung in 10 Sekunden möglichst weit zu kommen. Geben Sie nach 10 Sekunden einen Schlusspfiff. Dies ist das Signal für die Schüler*innen, keine Kraulbeinschlagbewegung mehr zu machen. Allerdings gleiten sie noch ein paar Meter weiter. Wer nach Beendigung des Gleitens am weitesten gekommen ist, gewinnt das Wettspiel. Führen Sie einige Wiederholungen durch, damit die Schüler*innen ihre Leistung verbessern können.

Variation

Die gleiche Spielidee kann auch in der Rückenlage zur Verbesserung des Rückenkraulbeinschlags genutzt werden. Dabei wird das Schwimmbrett unter den Kopf gehalten.

Tipp:

Achten Sie darauf, dass das Schwimmbrett am Brettende gehalten wird, dann können fortgeschrittene Schwimmer*innen zwischen den Armen ins Wasser ausatmen. Gleichzeitig verbessert sich die Wasserlage der Kinder und Jugendlichen und die Belastung für die Wirbelsäule wird reduziert.

Aufgepasst!

Wer nach Ihrem Schlusspfiff noch weitere Kraulbeinschläge macht, fällt aus der Wertung. Wenn Sie in diesem Punkt nicht konsequent handeln, machen viele Schüler*innen noch weitere Beinschläge.

Glückstreffer im Team

- **Ziele:** Sammeln von Bewegungserfahrungen sowohl in der Kraullage als auch beim Kraulbeinschlag mit Schwimmbrett
- **Klassenstufe:** 3–10
- **Anspruch:** mittel
- **Becken:** Schwimmerbecken
- **Dauer:** ca. 15 Minuten
- **Material:** pro Schüler*in 1 Schwimmbrett, Zahlenkarten (siehe Kopiervorlage S. 20)

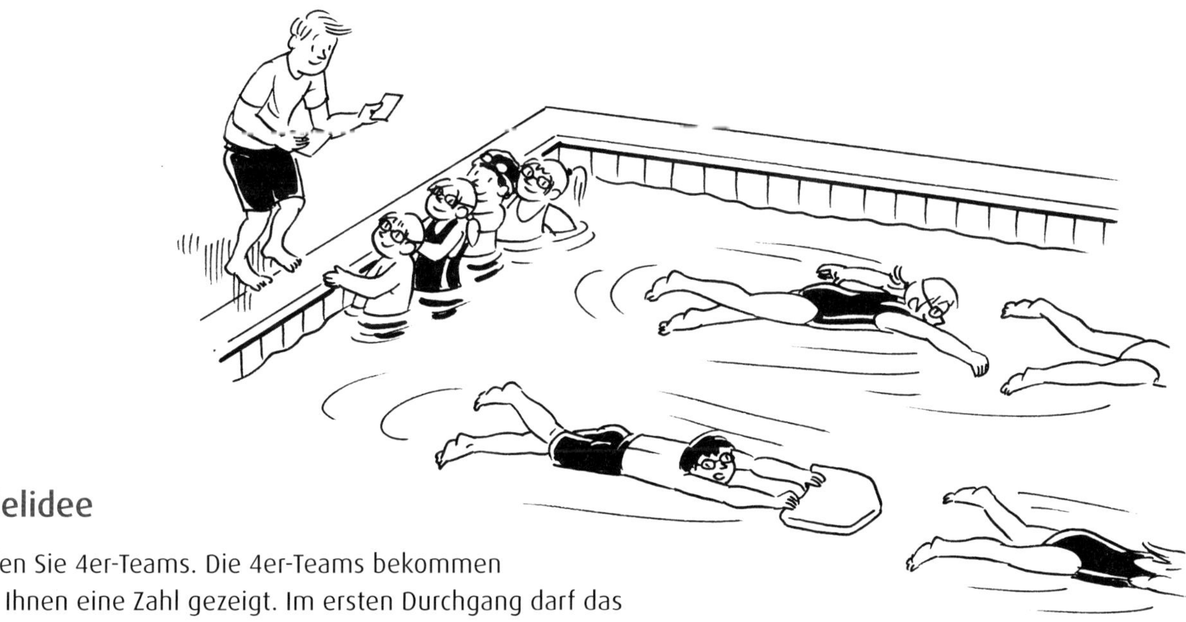

Spielidee

Bilden Sie 4er-Teams. Die 4er-Teams bekommen von Ihnen eine Zahl gezeigt. Im ersten Durchgang darf das jüngste Gruppenmitglied raten, ob auf der Rückseite der gezeigten Zahl eine größere oder kleinere Zahl steht (siehe Kopiervorlage S. 20). Schüler*innen, die richtig getippt haben, dürfen entscheiden, ob ihr 4er-Team zwei Bahnen Kraulbeinschlag im Schwimmerbecken mit dem Schwimmbrett oder zwei Bahnen ohne Schwimmbrett in der Kraullage schwimmt. Falls der*die Schüler*in falsch getippt hat, entscheiden Sie, welche Kraulaufgabe vom 4er-Team über zwei Bahnen geschwommen werden soll. Insgesamt gibt es vier Durchgänge, damit jedes Gruppenmitglied einmal tippen darf.

Variation

Entscheiden Sie selbst, welche Aspekte des Kraulschwimmens von Ihrer Lerngruppe geübt werden sollen, und formulieren Sie dementsprechend die beiden Aufgaben, die ausgewählt werden dürfen.

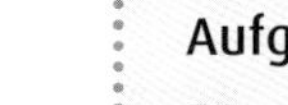

Tipp:

Bei kleineren Gruppen kann das Spiel auch allein oder im 2er-Team umgesetzt werden.

Aufgepasst!

Für ungeübte und jüngere Schüler*innen kann diese Spielidee auch – bei ausreichender Größe – im Nichtschwimmerbecken stattfinden.

Kopiervorlage

Glückstreffer im Team

23	411
12	9
115	56
233	322
7	145
5	3
46	77
24	20
311	156
400	4
34	99

Gold – Silber – Bronze

- **Ziele:** Verbesserung der Kraularmzugbewegung und Bewusstmachung der Vortriebswirkung und Umstellungsfähigkeit des Armzuges
- **Klassenstufe:** 5–10
- **Anspruch:** hoch
- **Becken:** Nichtschwimmerbecken
- **Dauer:** ca. 15 Minuten
- **Material:** pro Schüler*in 1 Schwimmbrett

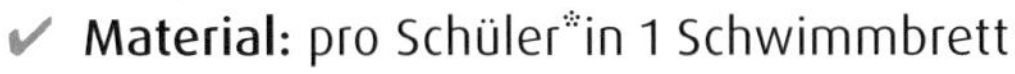

Spielidee

Die Schüler*innen versuchen, mit einem Schwimmbrett zwischen den Oberschenkeln eine Bahn mit der Kraularmzugbewegung zu schwimmen. Sie stoßen sich vom Beckenrand ab und führen die zuvor geübten Kraularmzugbewegungen in der Bauchlage aus. Je nachdem, wie weit sie kommen, gewinnen sie Bronze, Silber oder Gold. Alle Schüler*innen dürfen 4-mal auf Medaillenjagd gehen.

Bronze
Die Schüler*innen schwimmen, ohne den Boden zu berühren, bis zur Beckenmitte.

Silber
Die Schüler*innen schwimmen eine ganze Bahn ohne Bodenkontakt und schlagen mit der rechten Hand am Beckenrand an.

Gold
Die Schüler*innen schwimmen eine ganze Bahn ohne Bodenkontakt und schlagen mit der linken Hand am Beckenrand an.

Variation

Sie können auch einen Wettbewerb daraus machen, welche*r Schwimmer*in mit zehn Kraularmzugbewegungen am weitesten kommt.

Tipp:
Häufig ist die Atmung der limitierende Faktor. Üben Sie bei den Kraulübungen immer wieder, dass die Schüler*innen vollständig ins Wasser ausatmen, denn die Atmung sollte automatisiert werden und ist die Grundlage für ein erfolgreiches Kraulschwimmen.

Aufgepasst!
Je nach Leistungsstand der Gruppe können Sie zum Erreichen der Medaillen auch andere Kriterien auswählen (z. B. zwei oder vier Kraularmzüge ohne Bodenkontakt).

Die Brusttechnik – auf den Punkt gebracht!

So geht's:

- Beim Brustschwimmen werden die Arme zunächst nach vorn gestreckt. Danach werden die Hände nach außen gedreht und der Armzug beginnt.
- Die Hände werden in dieser ersten Phase (Zugphase) über die Verlängerung der Schulter gezogen, dann werden die Arme im Ellbogengelenk gebeugt (um eine bessere Kraftübertragung zu ermöglichen), bis die Arme unter dem Körper zusammengeführt werden. Im Anschluss kommt es wieder zur Streckung der Arme.
- Beim Beinschlag kommt es nach der Streckung der Beine zum Anfersen der Füße. Dabei ist das Sprunggelenk nicht locker (wie beim Kraulschwimmen), sondern gebeugt und nach außen gedreht („Charlie-Chaplin-Fußposition"). Mit einer Schwungbewegung der Unterschenkel werden die Beine wieder in die Streckung geführt und vollständig geschlossen.
- Bei der Arm-Bein-Koordination gilt der Grundsatz, dass abwechselnd Armzug und Beinschlag für den Vortrieb sorgen.

Das ist wichtig:

- Beim Brustschwimmen sollte gegen den Wasserdruck ins Wasser ausgeatmet werden. Die Ausatmung erfolgt gleichzeitig durch den Mund und die Nase.
- Durch die Ausatmung ins Wasser wird der Kopf gesenkt und der Körper kommt in eine stromlinienförmige Wasserlage, da der Wasserwiderstand reduziert ist.
- Die Grundlage für die Ausatmung ins Wasser wird in der Wassergewöhnung gelegt. Die Schüler*innen üben dort, mit dem Kopf unterzutauchen und ins Wasser auszuatmen. Diese Fertigkeit wird nun in den Bewegungszyklus des Brustschwimmens eingebaut.

Gut zu wissen!

- Es gibt beim Brustschwimmen viele Technikvarianten. Brustschwimmen ist die langsamste der vier Schwimmlagen, aber in der perfekten technischen Ausführung wohl die anspruchsvollste Lage.
- Beide Beine müssen die gleiche Bewegung ausführen. Bewegen sich die Beine nicht symmetrisch wird dies "Scherenschlag" genannt und muss korrigiert werden (häufige Fehler: Das Fußgelenk wird nicht gebeugt oder die Hüfte liegt schief im Wasser), da beim Brustschwimmen der Hauptvortrieb durch die Beinschlagbewegung generiert wird.

... und so sieht es aus:

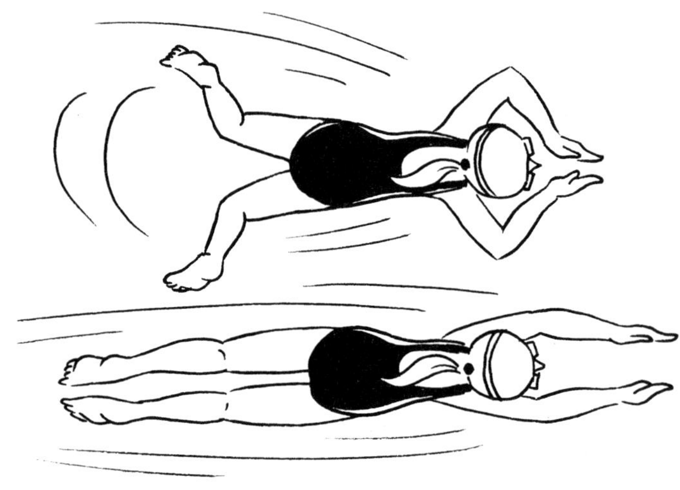

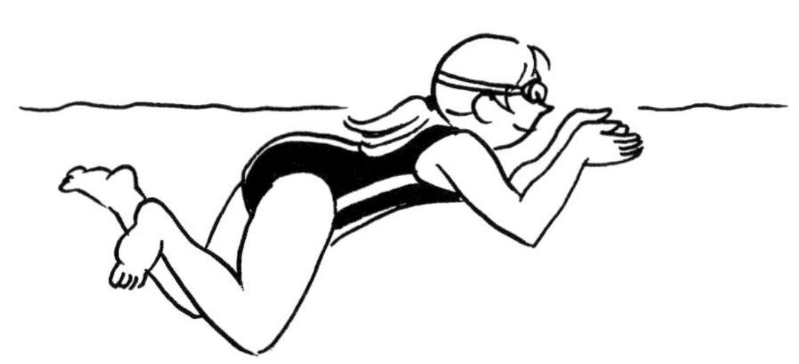

Körperhaltung Brusttechnik

Ente gut, alles gut!

- **Ziele:** Verbesserung des Brustbeinschlags unter Zeitdruck
- **Klassenstufe:** 3–4
- **Anspruch:** gering
- **Becken:** Nichtschwimmerbecken
- **Dauer:** ca. 10 Minuten
- **Material:** pro Schüler*in 1 Schwimmbrett und pro Team mind. 2 Schwimmenten

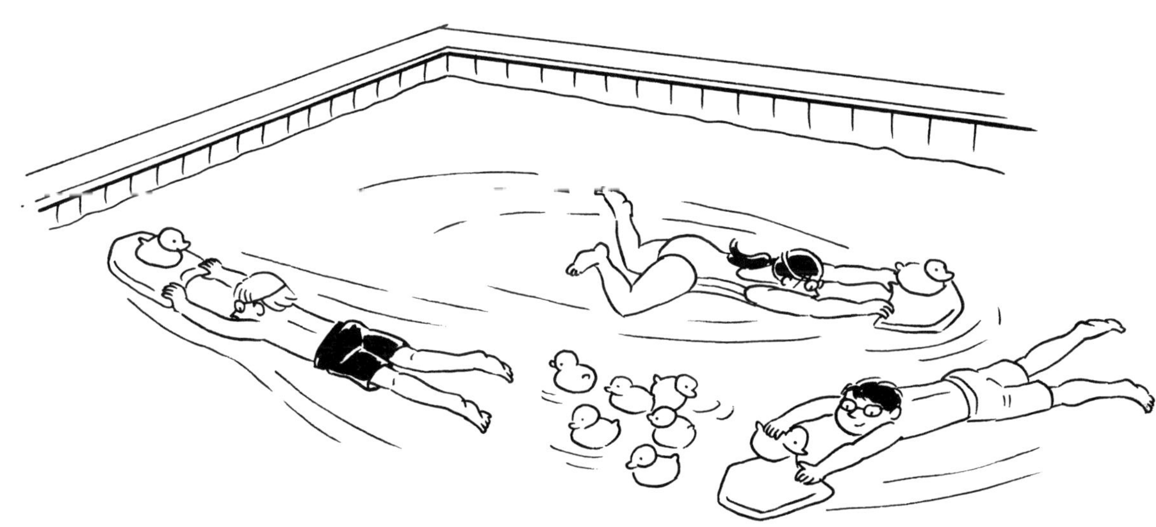

Spielidee

Bilden Sie zunächst 4er-Teams, die gegeneinander antreten. Jede*r Schüler*in erhält ein Schwimmbrett. Verteilen Sie im gesamten Nichtschwimmerbecken viele kleine Schwimmenten. Ziel der Teams ist es, möglichst viele dieser Schwimmenten einzusammeln und an den Beckenrand zu befördern. Auf Ihr Startkommando stoßen sich die Schüler*innen vom Beckenrand ab und schwimmen mit Brustbeinschlägen zu einer Ente. Die Ente wird auf das Schwimmbrett gelegt und mit kräftigen Brustbeinschlägen zum Beckenrand transportiert. Nachdem die Schwimmente am Beckenrand abgelegt worden ist, starten die Schüler*innen zu einer neuen Schwimmente. Wenn keine Schwimmente mehr im Becken ist, wird gezählt. Welches Team hat die meisten Enten einsammeln können?

Tipp:

Erklären Sie den Schüler*innen im Vorfeld, dass das Schwimmbrett für dieses Spiel am unteren Rand gehalten wird.

Variation

Es ist auch möglich, dass von jedem Team nur ein Teammitglied startet. Nachdem das Teammitglied seine Ente an den Beckenrand transportiert hat, startet ein anderes Teammitglied wie bei einer Staffel. Anstatt Schwimmenten können auch Tischtennisbälle o. Ä. verwendet werden. Sollten Sie pro Team nur zwei Enten zur Verfügung haben, müssen die Schüler*innen nicht in die Beckenmitte schwimmen, um dort eine Ente zu holen. Stattdessen holen sie sich diese direkt bei den gegnerischen Teams am Beckenrand. Welches Team kann die meisten Enten zu sich holen?

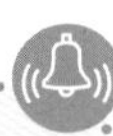

Aufgepasst!

Optimal ist das Spiel in einem Nichtschwimmerbecken. Sie können das Spiel aber auch auf einer abgetrennten 25-Meter-Bahn spielen. Dann befinden sich die Enten in der Mitte des Beckens und die Teams können von beiden Seiten in den Wettkampf starten.

Schwimmnudeltausch

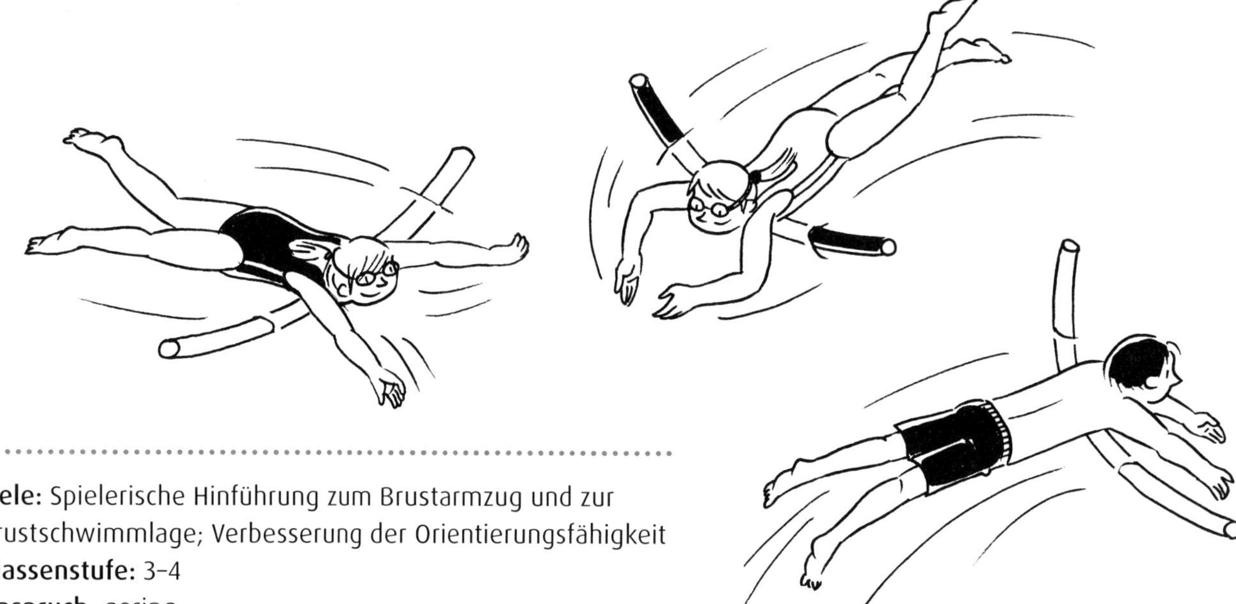

- ✔ **Ziele:** Spielerische Hinführung zum Brustarmzug und zur Brustschwimmlage; Verbesserung der Orientierungsfähigkeit
- ✔ **Klassenstufe:** 3–4
- ✔ **Anspruch:** gering
- ✔ **Becken:** Nichtschwimmerbecken
- ✔ **Dauer:** ca. 10 Minuten
- ✔ **Material:** pro Schüler*in 1 Schwimmnudel (in unterschiedlichen Farben)

Spielidee

Lassen Sie die Schüler*innen für dieses Spiel in Bauchlage im Wasser liegen. Eine Schwimmnudel befindet sich quer unter dem Oberkörper in Brusthöhe. Geben Sie den Schüler*innen dafür Schwimmnudeln in unterschiedlichen Farben. Bei leichtem Kraulbeinschlag führen die Schüler*innen Brustarmzüge durch und bewegen sich kreuz und quer im Nichtschwimmerbecken (der leichte Kraulbeinschlag ist eine Erleichterung, da die Beine nicht absacken). Geben Sie nach ca. 30 Sekunden einen Pfiff ab. Das ist für die Schüler*innen das Signal, sich schnell ein anderes Kind zu suchen, das eine Schwimmnudel in der gleichen Farbe hat wie sie. Mit diesem Kind werden die Schwimmnudeln getauscht, bevor sich die Schüler*innen wieder frei im Becken bewegen.

Variation

Anstatt des Kraulbeinschlags sind auch Brustbeinschläge möglich. Ebenso können Sie konkrete Anweisungen zu jedem Pfiff geben, z. B. dass Schüler*innen mit einer gelben Schwimmnudel mit den Schüler*innen einer blauen Schwimmnudel tauschen.

Tipp:

Sprechen Sie Ihre Anweisungen laut und deutlich aus, damit Sie von allen Schüler*innen verstanden werden.

Aufgepasst!

Achten Sie darauf, dass die verschiedenfarbigen Schwimmnudeln gleichmäßig auf alle Schüler*innen verteilt werden.

Weniger ist mehr!

- **Ziele:** kraftvoller, vortriebswirksamer Brustbeinschlag und Erleben der Gleitphase
- **Klassenstufe:** 3–8
- **Anspruch:** mittel
- **Becken:** Nichtschwimmerbecken oder Schwimmerbecken
- **Dauer:** ca. 15 Minuten
- **Material:** pro Schüler*in 1 Schwimmbrett

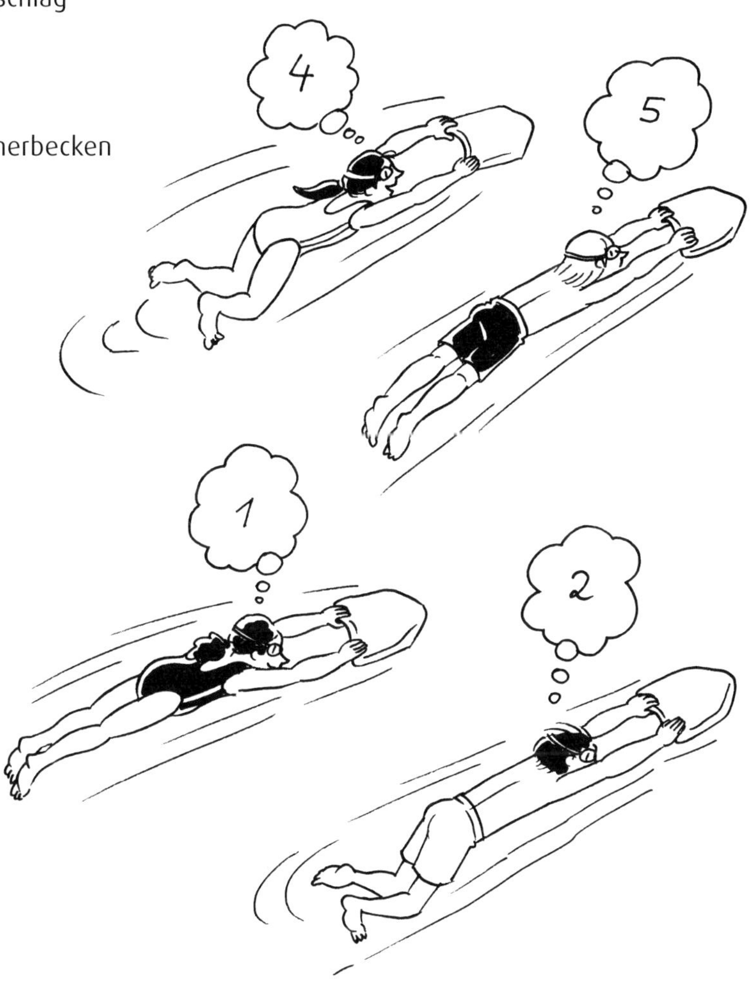

Spielidee

Bei dem Spiel „Weniger ist mehr!" schwimmen die Schüler*innen 6-mal eine Bahn Brustbeinschlag. Die Arme werden nach vorn gestreckt, der Kopf ist im Wasser. Als Unterstützung kann ein Schwimmbrett dienen. Lassen Sie die Schüler*innen eine Bahn schwimmen und geben Sie ihnen dabei die Aufgabe, die Anzahl ihrer Brustbeinschläge zu zählen. Erst nach dem Durchgang lösen Sie auf und erklären den Schüler*innen, dass diejenigen gewinnen, die bei den weiteren fünf Durchgängen die Anzahl ihrer Beinschläge pro Bahn am meisten reduzieren können. Lassen Sie die Schüler*innen in die nächsten Durchgänge starten und küren Sie am Ende eine*n Sieger*in.

Variation

Sie können auch einen Wettbewerb durchführen: „Welches Kind kommt mit zehn Beinschlägen am weitesten?"

Tipp:
Sie können auch 2er-Teams bilden. Dann zählt immer ein Teammitglied die Beinschläge des anderen und umgekehrt.
In höheren Klassenstufen kann das Spiel alternativ auch im Schwimmerbecken stattfinden. Im Nichtschwimmerbecken starten alle Schüler*innen nebeneinander, im Schwimmerbecken können immer zwei Schüler*innen nebeneinander starten.
Die anderen folgen hintereinander.

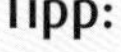

Aufgepasst!

Legen Sie vor dem Spiel fest, dass in der Gleitphase keine Bewegungen ausgeführt werden dürfen.

Synchron zum Sieg!

- ✔ **Ziele:** Sammeln von Bewegungserfahrungen für den Brustarmzug; auf ein Teammitglied Rücksicht nehmen und sich der Bewegungsausführung anpassen (Umstellungs- und Rhythmisierungsfähigkeit)
- ✔ **Klassenstufe:** 4–8
- ✔ **Anspruch:** hoch
- ✔ **Becken:** Nichtschwimmerbecken oder Schwimmerbecken
- ✔ **Dauer:** ca. 10 Minuten
- ✔ **Material:** pro 2er-Team 1 Schwimmnudel oder pro Schüler*in 1 Schwimmbrett

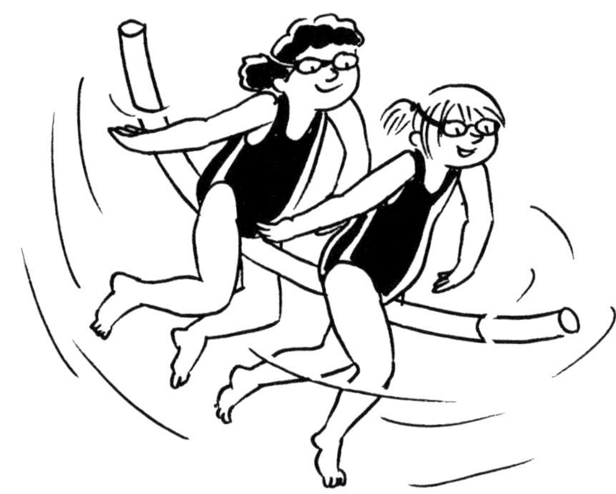

Spielidee

Lassen Sie je zwei Schüler*innen hintereinander auf einer Schwimmnudel sitzen. Auf ein Startsignal von Ihnen starten vier 2er-Teams gleichzeitig vom Beckenrand und schwimmen eine Bahn. Dabei dürfen nur Brustarmzüge durchgeführt werden. Das Ziel der einzelnen Teams ist es, die Bewegungen möglichst synchron auszuführen. So können auch langsamere Teams gewinnen, denn es kommt nicht auf die Geschwindigkeit an. Schauen Sie sich alle 2er-Teams genau an und ermitteln Sie das Siegerteam.

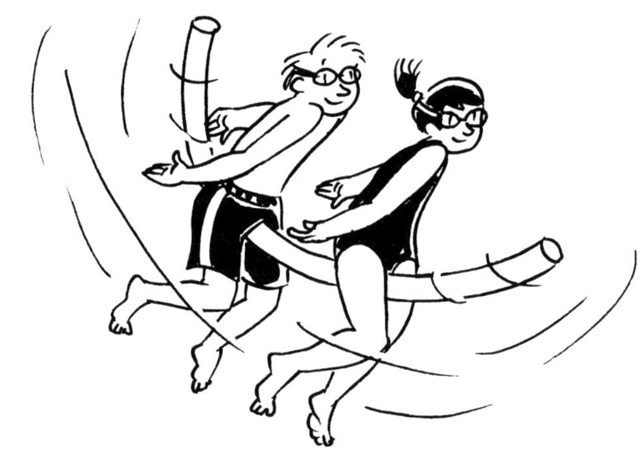

Variation

Sie können das Spiel sowohl in einem Nichtschwimmerbecken als auch in einem Schwimmerbecken durchführen. Die Schüler*innen können auch einzeln auf einem Schwimmbrett sitzen.

Tipp:

Zeigen Sie den Schüler*innen vorab, wie der Brustarmzug ausgeführt wird.

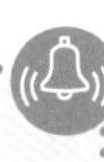

Aufgepasst!

Lassen Sie die 2er-Teams nacheinander mit 10 Sekunden Abstand starten. So können Sie sich ein besseres Bild jedes Teams machen.

Mit Denksport zum Sieg!

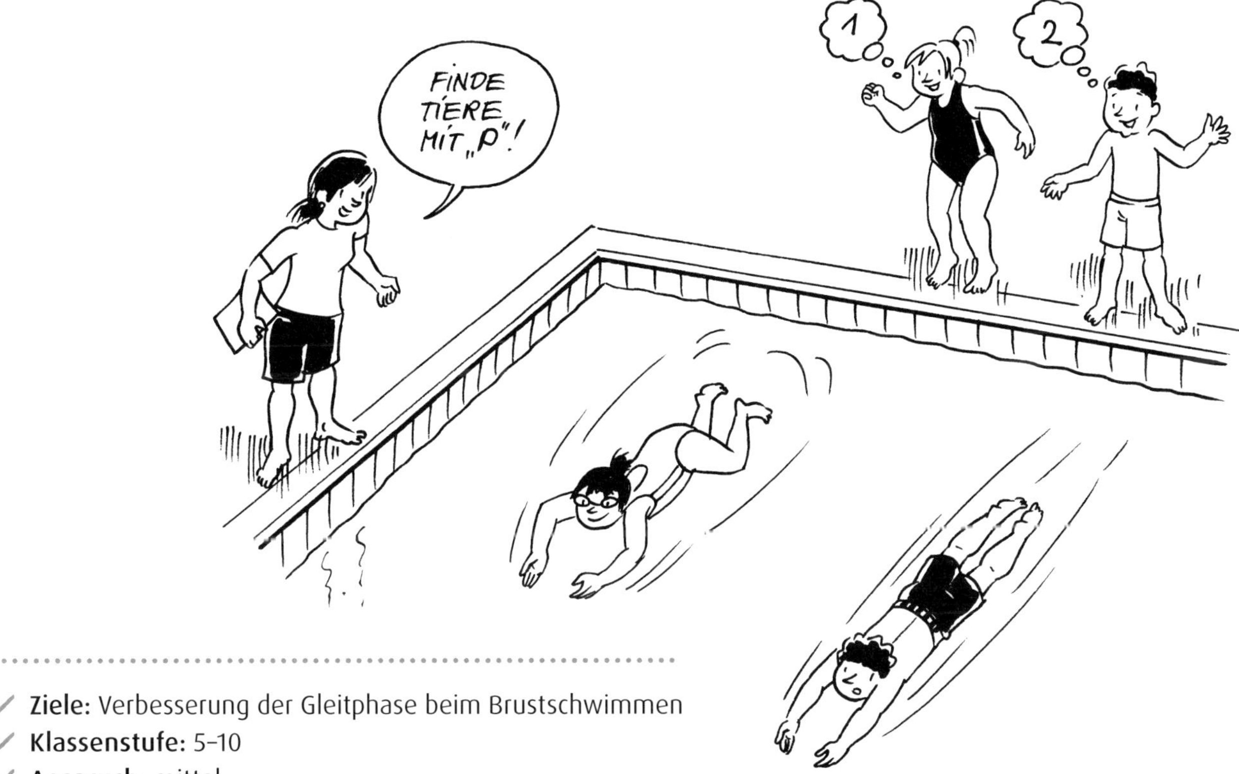

- **Ziele:** Verbesserung der Gleitphase beim Brustschwimmen
- **Klassenstufe:** 5–10
- **Anspruch:** mittel
- **Becken:** Schwimmerbecken
- **Dauer:** ca. 15 Minuten
- **Material:** evtl. pro Schüler*in 1 Schwimmbrett

Spielidee

Lassen Sie die Schüler*innen 2er-Teams bilden. Ein Teammitglied startet im Wasser, das andere am Beckenrand. Die Schüler*innen im Wasser schwimmen die Brustlage. Zu Beginn der Bahn erhalten alle Schüler*innen im Wasser die gleiche Denksportaufgabe, wie z. B.: „Finde viele Tiere, die ein N enthalten!" (Spinne, Nashorn etc.) oder „Finde möglichst viele Hauptstädte!" (Berlin, London etc.). Die Schüler*innen im Wasser starten und lösen während des Schwimmens die Aufgabe. Das andere Teammitglied am Beckenrand zählt, wie viele Bewegungszyklen (Armzug + Beinschlag) gebraucht werden. Am Ende der Bahn zählt das schwimmende Teammitglied möglichst viele gefundene Begriffe auf. Anschließend wird die Anzahl der Bewegungszyklen (möglichst wenig) von der Anzahl der genannten Begriffe (möglichst viele) abgezogen. Welches Team hat den höchsten Wert? Nach einer Bahn werden die Positionen gewechselt.

Variation

Es ist auch möglich, dass die Schüler*innen mit einem Schwimmbrett und Brustbeinschlägen schwimmen. Dann wird die Anzahl der Brustbeinschläge anstatt der Bewegungszyklen gezählt.

Tipp:

Achten Sie darauf, dass die Denksportaufgaben nicht zu schwierig sind, sodass die Schüler*innen viele Begriffe finden können.

Aufgepasst!

Um zu verhindern, dass Schüler*innen im Wasser „treiben" und dabei viele Begriffe sammeln, bevor sie weiterschwimmen, sagen Sie den Schüler*innen, dass sie ständig in Bewegung bleiben müssen.

Die Rückentechnik – auf den Punkt gebracht!

So geht's

- Der Armzug wird in eine Überwasserphase und eine Unterwasserphase eingeteilt. Mit den Armen wird dabei ein Wechselzug durchgeführt. Das bedeutet, dass sich ein Arm in der Überwasserphase befindet, während sich der andere Arm in der Unterwasserphase befindet.
- In der Überwasserphase verlässt die Hand an der Hüfte das Wasser. Der gestreckte Arm wird dann über Wasser nach hinten geführt und taucht in Verlängerung der Schulter wieder in das Wasser ein. Die Reihenfolge des Eintauchens heißt: Schulter, Oberarm, Ellbogen, Unterarm, kleiner Finger, restliche Hand.
- Die Unterwasserphase ist durch einen langen Antriebsweg der Hand gekennzeichnet. Die Unterwasserphase beginnt mit einem gestreckten Arm in Verlängerung der Schulter und endet erst auf Hüfthöhe. Wie beim Kraulschwimmen wird beim Rückenschwimmen die Unterwasserphase in drei Phasen eingeteilt: Wasserfassen, Zugphase, Druckphase. In der Unterwasserphase bleibt der Arm nicht dauerhaft gestreckt. Stattdessen wird der Ellbogen gebeugt, um eine bessere Kraftübertragung zu ermöglichen.
- Der Beinschlag beim Rückenschwimmen ist ein Wechselbeinschlag mit einer Aufwärts- und Abwärtsbewegung. Die Füße sind dabei gestreckt. Die Beinschlagbewegung wird in der Hüfte initiiert.
- Sowohl das Ein- als auch das Ausatmen findet über Wasser statt. Der Kopf wird dabei in Verlängerung der Wirbelsäule gehalten.

Das ist wichtig

- Der Hauptvortrieb wird durch die Armarbeit erzeugt. Bei kurzen Strecken trägt ein intensiver Beinschlag aber ebenso zum Vortrieb bei. Die Hauptaufgabe der Beinarbeit besteht aber darin, die stromlinienförmige Wasserlage zu stabilisieren.
- Im Vergleich zur Delfin- und Brusttechnik ist das Rückenschwimmen zwar weniger anspruchsvoll. Für viele Schüler*innen stellt aber die mangelnde Orientierung in Schwimmrichtung eine große Herausforderung dar.
- Ermutigen Sie die Schüler*innen immer, die Hüfte aus dem Becken zu strecken und ein Absinken des Pos zu verhindern. Dadurch wird die Wasserlage deutlich verbessert. Hierbei nimmt die richtige Kopfhaltung in der Verlängerung der Wirbelsäule einen großen Stellenwert ein.
- Für Spiel- und Übungsformen im Schwimmerbecken sollten 5-Meter-Fähnchen o. Ä. genutzt werden, um den Schüler*innen die Orientierung zu erleichtern, damit die Aufmerksamkeit mehr auf die Bewegungsausführung gelenkt werden kann.

Gut zu wissen!

Das Rückenschwimmen mit einem Wechselarmzug (abwechselnde Armzüge rechts und links) ist die effektivste Technik, um schnell auf dem Rücken zu schwimmen.

... und so sieht es aus:

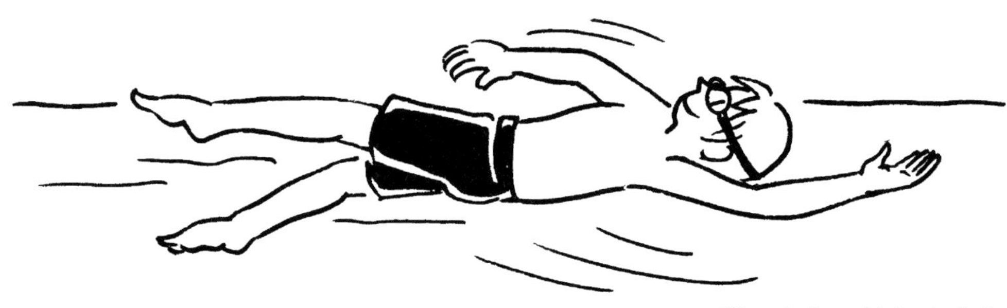

Körperhaltung Rückentechnik

Die schnellste Schwimmnudelmannschaft

- **Ziele:** Verbesserung der Rückenkraul- und Kraulbeinschlagtechnik unter Zeitdruck
- **Klassenstufe:** 3–5
- **Anspruch:** mittel
- **Becken:** Nichtschwimmerbecken
- **Dauer:** ca. 10 Minuten
- **Material:** pro 3er-Team 1 Schwimmnudel

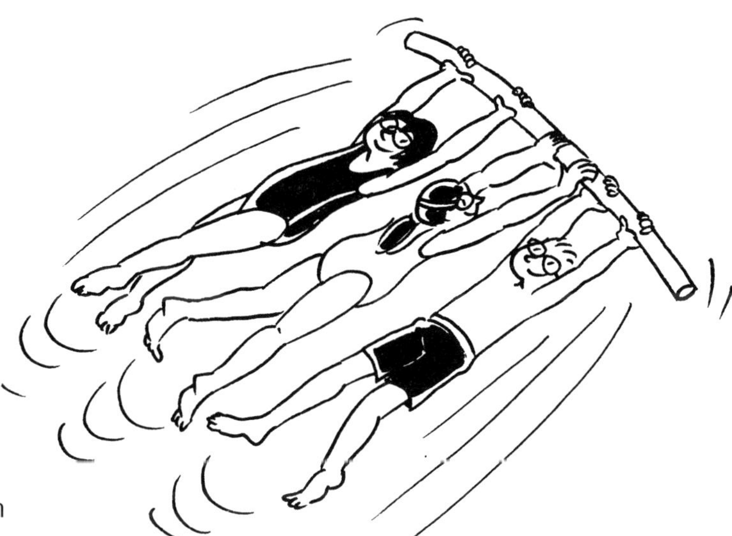

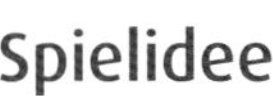

Spielidee

Teilen Sie die Gruppe in 3er-Teams ein. Jedes erhält eine Schwimmnudel. Die Teams bringen sich in Startposition: Die beiden äußeren Teammitglieder gehen in Rückenlage, das mittlere Teammitglied in Bauchlage. Es sieht als einziges, ob die Bahn frei ist, und hat die Verantwortung, sein Schwimmnudelteam zu steuern. Alle halten sich mit gestreckten Armen an der Schwimmnudel fest. Nach Ihrem Startsignal stoßen sich die Schüler*innen vom Beckenrand ab und versuchen, mit Rückenkraulbeinschlag (die beiden äußeren Teammitglieder) und Kraulbeinschlag (das mittlere Teammitglied) schnellstmöglich eine Bahn im Nichtschwimmerbecken zu schwimmen. Je nach Platz treten mehrere Teams gegeneinander an. Welches ist das schnellste Team?

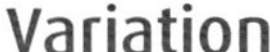

Variation

Für ungeübtere Schüler*innen können Sie das Spiel vereinfachen, wenn die beiden äußeren Teammitglieder in Bauchlage den Kraulbeinschlag ausführen und nur das mittlere Teammitglied sich in Rückenlage befindet. Es gewinnt das schnellste Team.

Tipp:

Zur Eingewöhnung dürfen die Schüler*innen vorab ein oder zwei Bahnen Kraulbeinschlag zu dritt nebeneinander schwimmen. Die Schwimmnudel wird von allen Schüler*innen mit gestreckten Armen festgehalten und der Vortrieb wird nur mit dem Beinschlag erzeugt. Erst dann geht es in die unterschiedlichen Positionen (Bauch- und Rückenlage) für die Spielform.

Aufgepasst!

Beobachten Sie alle 3er-Teams, damit die Gruppen ausreichend Abstand zueinander halten und sich die Schüler*innen in der Rückenlage bei der Zielankunft nicht den Kopf am Beckenrand anschlagen.

Der Rücken-Zwilling

- **Ziele:** Verbesserung der Rückenkraulbeinschlagbewegung und Dosierung der Bewegung, je nach Tempo des Teammitglieds
- **Klassenstufe:** 3–8
- **Anspruch:** gering
- **Becken:** Nichtschwimmerbecken
- **Dauer:** ca. 10 Minuten
- **Material:** pro Schüler*in 1 Schwimmbrett

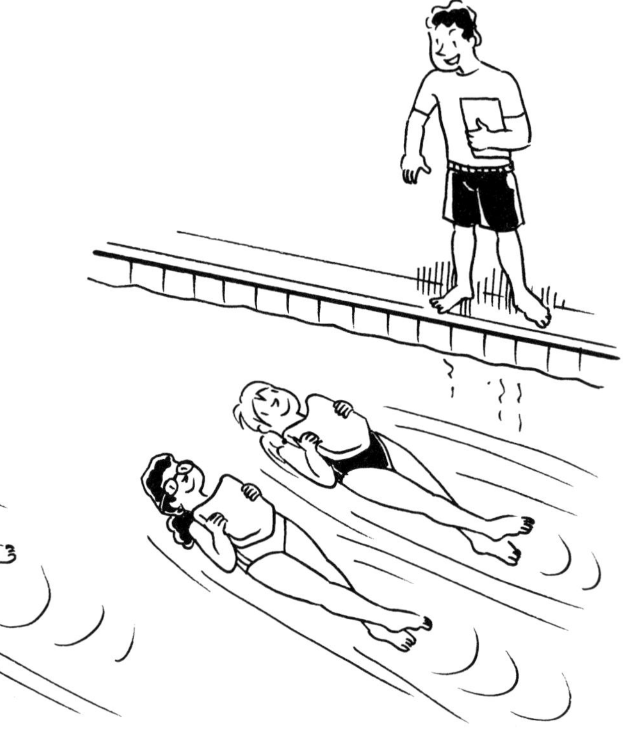

Spielidee

Beim „Rücken-Zwilling" bilden immer zwei Schüler*innen ein Team. Sie legen sich auf den Rücken und halten jeweils ein Schwimmbrett mit beiden Händen vor den Bauch. Nun ist es die Aufgabe der Zwillinge, im gleichen Tempo mit Rückenkraulbeinschlag auf die andere Seite des Nichtschwimmerbeckens zu schwimmen. Beobachten Sie die Paare und wählen Sie nach jeder geschwommenen Bahn das Duo aus, das am synchronsten geschwommen ist. Geben Sie den Schüler*innen den Hinweis, dass ihre beiden Köpfe auf einer Höhe sein sollten. Es werden mindestens vier Durchgänge gemacht.

Variation

Bei älteren und fortgeschrittenen Schüler*innen kann auch der Rücken-Drilling ausprobiert werden.

Aufgepasst!

Da es vielen Schüler*innen an Bewegungserfahrungen in der Rückenlage fehlt, sollten Sie die Schwimmer*innen ganz genau beobachten und Hinweise geben, wenn sie schräg schwimmen und die Gefahr eines Zusammenstoßes droht.

Tipp:

Lassen Sie die Schüler*innen vor dem Spiel ein paar Bahnen in Rückenlage schwimmen, damit sie mehr Sicherheit bekommen.

Karten-Zauber

- **Ziele:** Sammeln von Bewegungserfahrungen in der Rückenlage und Verbesserung der Rückentechnik
- **Klassenstufe:** 5–10
- **Anspruch:** mittel
- **Becken:** Schwimmerbecken
- **Dauer:** ca. 15 Minuten
- **Material:** 1 Skat-Kartenspiel, evtl. Schwimmbretter

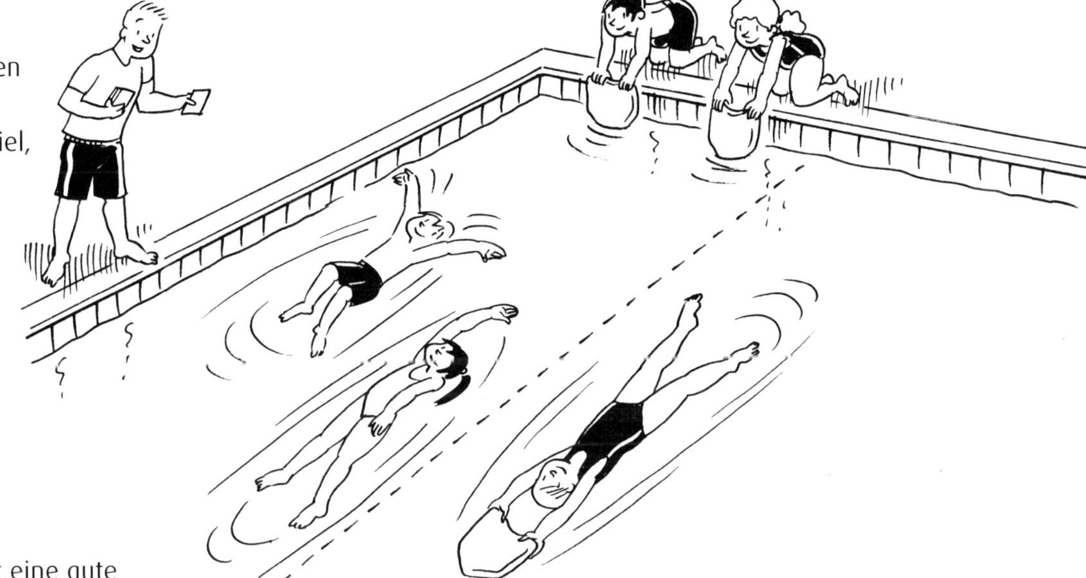

Spielidee

Das Spiel „Karten-Zauber" ist eine gute Möglichkeit, Erfahrungen in der Rückenlage zu sammeln. Halten Sie ein Kartenspiel in der Hand und lassen Sie alle Schüler*innen beim Vorbeigehen eine Karte ziehen. Je nach abgebildetem Zeichen, werden bestimmte Bewegungsformen in der Rückenlage durchgeführt.

♠ Schwimme 2 Bahnen in der Rückenlage mit dem Schwimmbrett!
♣ Schwimme 2 Bahnen Rückengleichschlag (beide Arme ziehen zeitgleich, Beingrätsche)!
♥ Freie Auswahl! Schwimme 2 Bahnen in der Rückenlage, die du möchtest!
♦ Schwimme 2 Bahnen Rückenkraul!

Variation

Für ungeübte Rückenschwimmer*innen reicht auch eine oder sogar nur eine halbe Bahn in der Rückenlage – orientieren Sie sich an den Fertigkeiten und Fähigkeiten Ihrer Schüler*innen.

Aufgepasst!

Beim Schwimmen in der Rückenlage ist die Orientierung für die Schüler*innen herausfordernd. Sichern Sie die Beckenränder mit zwei Schüler*innen, die die ankommenden Schüler*innen im Notfall warnen und Schwimmbretter als Puffer an die Beckenwand legen. Sie werden regelmäßig ausgewechselt.

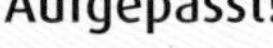

Tipp:

Spielen Sie den Karten-Zauber auch mal im 2er- oder 3er-Team – ein Kind zieht und alle schwimmen die gleiche Aufgabe.

Rücken-Memo

- ✔ **Ziele:** Sammeln von Bewegungserfahrungen in der Rückenlage und Verbesserung der Rückentechnik
- ✔ **Klassenstufe:** 5–10
- ✔ **Anspruch:** hoch
- ✔ **Becken:** Nichtschwimmerbecken
- ✔ **Dauer:** ca. 15 Minuten
- ✔ **Material:** pro Team laminierte Rücken-Memo-Karten (siehe Kopiervorlage S. 33)

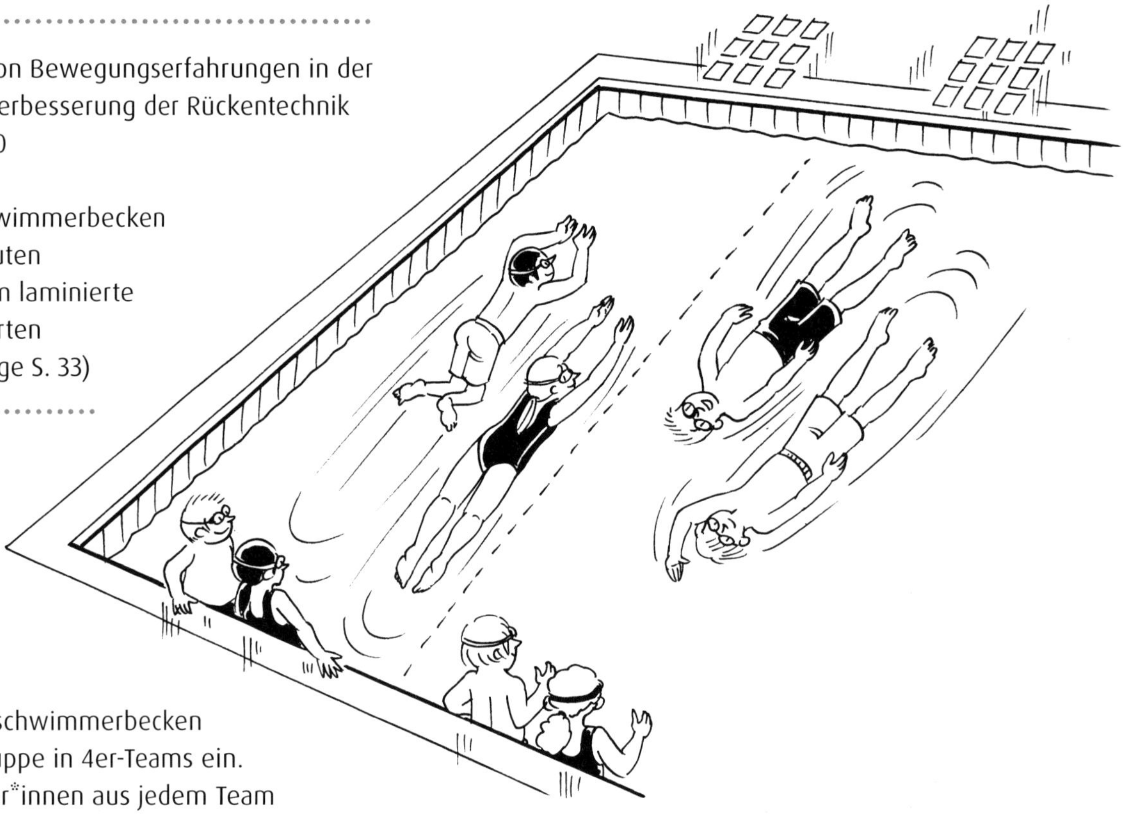

Spielidee

Nutzen Sie das Nichtschwimmerbecken und teilen Sie die Gruppe in 4er-Teams ein. Während zwei Schüler*innen aus jedem Team schwimmen, pausieren die anderen beiden Schüler*innen des Teams. Auf ein Startkommando starten zwei Schüler*innen jedes Teams und schwimmen eine Bahn Brust. Für jedes Team sind auf der anderen Beckenseite Memo-Karten mit Rückenaufgaben bereitgelegt. Erreichen die Schüler*innen die Beckenseite, decken sie jeweils eine Karte auf. Auf dem Rückweg führen sie die Rückenübung aus, die auf der Memo-Karte steht. Haben beide Schüler*innen die gleiche Karte aufgedeckt, sind die Karten aus dem Spiel. Ansonsten werden sie umgedreht und bleiben im Spiel. Am Ende der Bahn pausieren die zwei Schüler*innen, die gerade geschwommen sind. Die nächsten zwei Schüler*innen des Teams sind an der Reihe. Welches 4er-Team hat zuerst alle Paare gefunden?

Variation

Passen Sie die Aufgaben an den Leistungsstand der Schüler*innen an.

Aufgepasst!

Beim Schwimmen in der Rückenlage ist die Orientierung für die Schüler*innen herausfordernd. Die Schwimmer*innen, die gerade pausieren, haben die Aufgabe, ihre Teammitglieder durch Warnen oder mit Schwimmbrettern zu schützen, damit sie nicht mit dem Kopf gegen den Beckenrand stoßen.

Tipp:

Sie können das Rücken-Memo bei einer kleinen Schülerzahl auch so spielen, dass es pro Schüler*in einen Kartenstapel gibt.

Kopiervorlage

Rücken-Memo-Karten

Lege dich auf den Rücken. Deine Arme sind an der Körperseite gestreckt. Führe nur Rückenbeinschläge aus.	Schwimme in Rückenlage nur mit dem rechten Arm. Der linke Arm liegt gestreckt an der Körperseite.	Schwimme eine Bahn Rücken mit einem kräftigen Beinschlag.
Lege dich auf den Rücken. Deine Arme sind an der Körperseite gestreckt. Führe nur Rückenbeinschläge aus.	Schwimme in Rückenlage nur mit dem rechten Arm. Der linke Arm liegt gestreckt an der Körperseite.	Schwimme eine Bahn Rücken mit einem kräftigen Beinschlag.
Schwimme in Rückenlage nur mit dem linken Arm. Der rechte Arm liegt gestreckt an der Körperseite.	Führe in Rückenlage einen Beinschlag aus. Deine Arme ziehen gleichzeitig durch das Wasser und werden gleichzeitig wieder nach hinten geführt.	Du befindest dich in Rückenlage und machst einen Rückenbeinschlag. Im Wechsel machst du immer zwei Züge mit dem rechten Arm, dann zwei Züge mit dem linken Arm.
Schwimme in Rückenlage nur mit dem linken Arm. Der rechte Arm liegt gestreckt an der Körperseite.	Führe in Rückenlage einen Beinschlag aus. Deine Arme ziehen gleichzeitig durch das Wasser und werden gleichzeitig wieder nach hinten geführt.	Du befindest dich in Rückenlage und machst einen Rückenbeinschlag. Im Wechsel machst du immer zwei Züge mit dem rechten Arm, dann zwei Züge mit dem linken Arm.

Rückenfreundliche Challenge

- **Ziele:** Schulung der koordinativen Fähigkeiten (Differenzierungs-, Orientierungs- und Kopplungsfähigkeit) zur Verbesserung der Rückentechnik
- **Klassenstufe:** 5–10
- **Anspruch:** hoch
- **Becken:** Schwimmerbecken
- **Dauer:** ca. 10 Minuten
- **Material:** 2 Schwimmbretter für die Lehrkraft

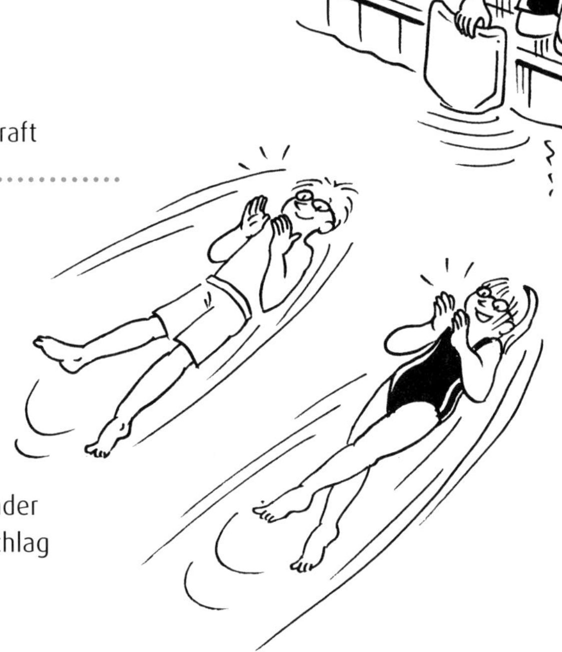

Spielidee

Die Schüler*innen meistern folgende Herausforderungen im 2er-Team:

- **Klatschen:** In der Rückenlage nebeneinander schwimmen, mit einem intensiven Beinschlag einen Vortrieb erlangen und dabei in die Hände klatschen.
- **Winken:** In der Rückenlage nebeneinander schwimmen, mit einem intensiven Beinschlag einen Vortrieb erlangen und dabei mit den Händen winken.
- **Abschlagschwimmen:** In der Rückenlage nebeneinander schwimmen, mit einem intensiven Beinschlag einen Vortrieb erlangen und dabei die Arme zunächst in Verlängerung der Schulter strecken. Nach dem Abstoß und der Gleitphase macht der erste Arm den Rückenarmzug unter Wasser, danach die Überwasserphase und wird dann neben den (gestreckten) anderen Arm gelegt. Erst jetzt beginnt der zweite Arm – nachdem er vom ersten Arm „abgeschlagen" wurde – mit der Unterwasser- und dann mit der Überwasserbewegung.

Variation

- **Gleichzug:** In der Rückenlage nebeneinander schwimmen, mit einem intensiven Beinschlag Vortrieb erlangen und dabei beide Arme gleichzeitig durchs Wasser ziehen.

Tipp:
Die „Rückenfreundliche Challenge" ist für Schülergruppen geeignet, die die Grundlagen des Rückenschwimmens beherrschen.

Aufgepasst!
Wie bei allen Aufgaben in der Rückenlage müssen Sie die Schüler*innen bei der Zielankunft vor der harten Beckenwand schützen (am besten mit zwei Schwimmbrettern).

Wassertransport in Rückenlage

- ✔ **Ziele:** kraftvoller Rückenbeinschlag
- ✔ **Klassenstufe:** 6–10
- ✔ **Anspruch:** hoch
- ✔ **Becken:** Nichtschwimmerbecken
- ✔ **Dauer:** ca. 10 Minuten
- ✔ **Material:** pro Team 1 kleiner Becher und 1 Eimer

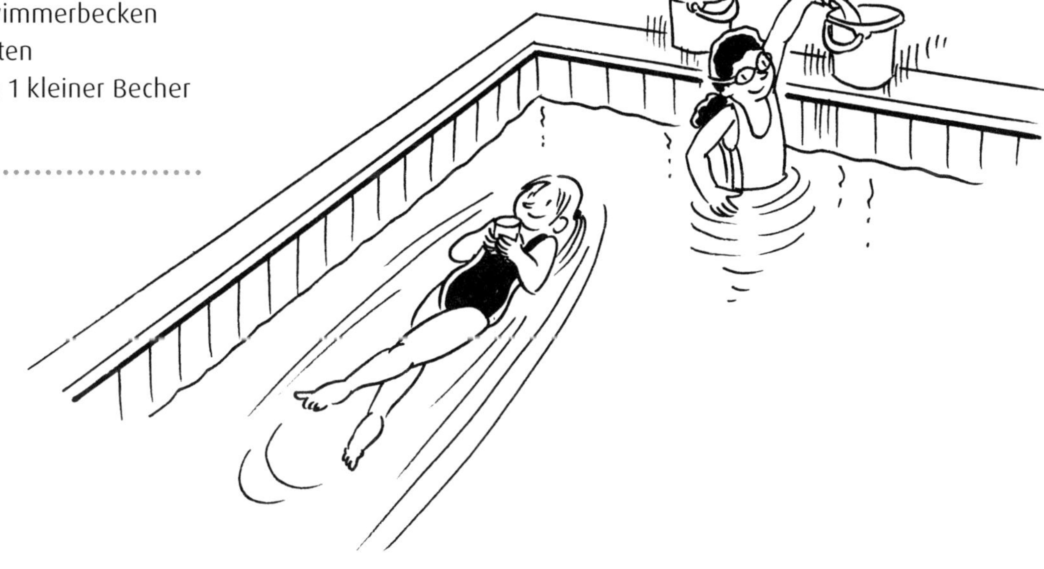

Spielidee

Es werden 2er-Teams gebildet. Pro Team startet ein Teammitglied in Rückenlage. Alle Startschwimmer*innen halten einen kleinen Becher in ihren Händen, der mit Wasser gefüllt ist. Sie schwimmen mit einem starken Rückenbeinschlag auf die andere Seite des Nichtschwimmerbeckens und kippen das Wasser in einen dort stehenden Eimer. Anschließend schwimmen die Schüler*innen mit Rückenbeinschlägen zurück, das andere Teammitglied übernimmt den Becher, füllt diesen und startet. Welches Team hat nach 5 Minuten den Eimer am höchsten gefüllt?

Variation

Je nach Leistungsstärke kann die Armhaltung variiert werden. Je weiter die Arme aus dem Wasser gehalten werden, desto schwieriger wird es. Die Durchführung der Aufgabe ist auch mit Brustbeinschlägen in Rückenlage zur spielerischen Hinführung zu den Transport- und Schlepptechniken im Rettungsschwimmen möglich.

Tipp:

Weisen Sie die Schüler*innen darauf hin, dass der Becher nur am Startpunkt gefüllt werden darf. Verlieren die Schüler*innen auf dem Weg zum großen Eimer Wasser, dann darf der Becher nicht noch einmal nachgefüllt werden.

Aufgepasst!

Machen Sie die Eimer am Beckenrand nicht zu groß, sodass die Schüler*innen ein Erfolgserlebnis haben.
Beachten Sie, dass dieses Spiel für die Schüler*innen eine große Herausforderung darstellt und daher eher für schwimmerfahrene Schüler*innen gedacht ist.

Die Delfintechnik – auf den Punkt gebracht!

So geht's

- Beim Delfinschwimmen handelt es sich um eine Gleichzugschwimmart. Die Arme bewegen sich dabei zeitgleich symmetrisch. Pro Armzug werden zwei Beinschläge durchgeführt.
- Die gestreckten Arme werden zeitgleich in Verlängerung der Schulter eingetaucht. Die Reihenfolge des Eintauchens heißt: Hand, Unterarm, Ellbogen, Oberarm, Schulter. Beim Eintauchen der Arme findet der erste Beinschlag statt. Der Armzug endet mit gestreckten Armen an der Hüfte. Anschließend werden beide Arme über Wasser nach vorn geschwungen, bevor sie wieder in Verlängerung der Schulter eintauchen.
- Nach dem Wasserfassen führen die Arme unter Wasser zunächst eine Bewegung nach außen durch, bis sie eine doppelte Schulterbreite auseinander sind. Es folgt eine Stützphase, bei der die Ellbogen nahezu auf Schulterhöhe bleiben, während die Hand und die Unterarme senkrecht Richtung Beckenboden geführt werden. Sobald die Unterarme hinter der Schulter sind, beginnt die Druckphase, bei der die Arme nach hinten gestreckt werden. Hier erfolgt dann auch der zweite Beinschlag. Außerdem wird der Kopf für die Atmung aus dem Wasser gehoben.
- Beim Delfinbeinschlag werden beide Beine zeitgleich auf- und abwärts bewegt.
- Nach dem Einatmen muss der Kopf wieder vor den Armen in das Wasser geführt werden, um eine Delfinbewegung durch den ganzen Körper zu ermöglichen. Das Ausatmen findet dann unter Wasser statt.

Das ist wichtig

- Mit einem starken zweiten Beinschlag, dem sogenannten Auftauchbeinschlag, wird das Vorschwingen der Arme sowie das Luftholen unterstützt.
- Eine Steigerung der Zuggeschwindigkeit in der zweiten Hälfte des Armzugs unterstützt ebenso das Vorschwingen der Arme.
- Ein starker Hüfteinsatz nach oben und unten unterstützt die Delfinbewegung.

Gut zu wissen!

- Das Delfinschwimmen ist die Schwimmtechnik, die die meiste Kraft erfordert. Daher sind die Schwimmstrecken besonders kurz zu wählen.

... und so sieht es aus:

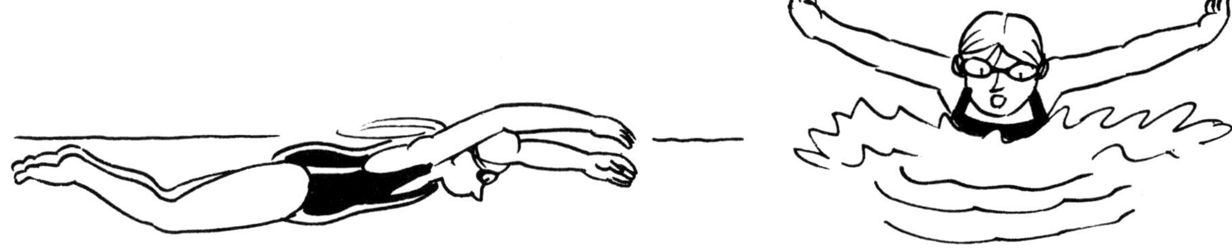

Bewegungsablauf Delfintechnik

Hindernisschwimmen der Delfine

- ✔ **Ziele:** Einübung einer Delfinbewegung durch den ganzen Körper
- ✔ **Klassenstufe:** 3–5
- ✔ **Anspruch:** mittel
- ✔ **Becken:** Nichtschwimmerbecken
- ✔ **Dauer:** ca. 5 Minuten
- ✔ **Material:** pro Schüler*in 1 schwimmender Gegenstand (z. B. Schwimmnudel oder Schwimmbrett)

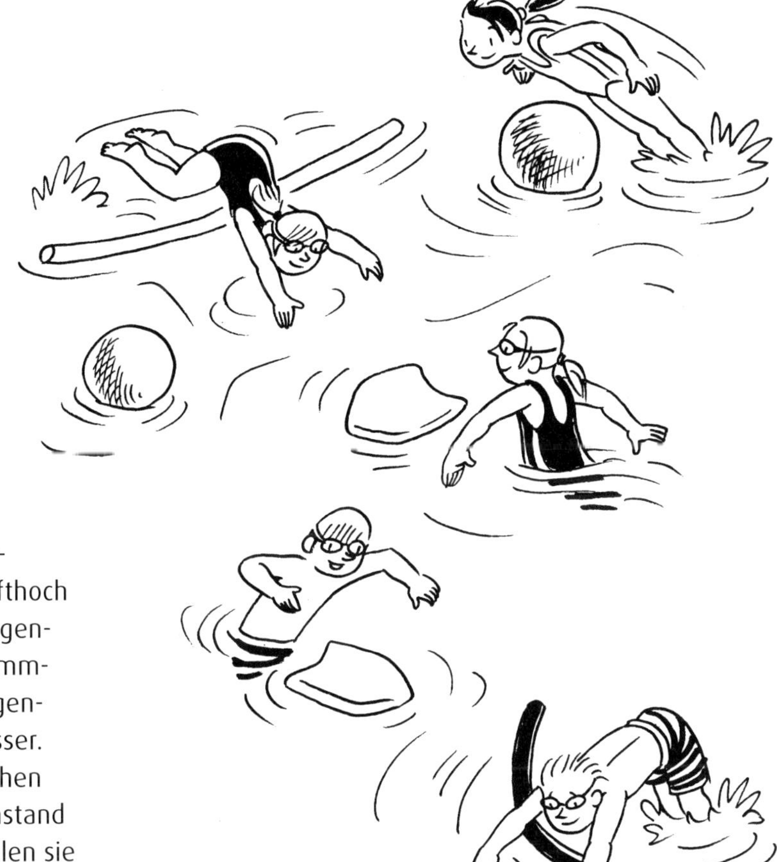

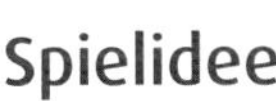

Spielidee

Legen Sie in einen Bereich des Nichtschwimmerbeckens, in dem die Schüler*innen brust- bis hüfthoch stehen können, verschiedene schwimmende Gegenstände ins Wasser (z. B. Schwimmnudeln, Schwimmbretter, Schwimmenten oder andere weiche Gegenstände). Die Schüler*innen laufen durch das Wasser. Sobald sie einen Gegenstand vor sich haben, gehen sie in die Hocke und versuchen, über den Gegenstand zu springen, ohne diesen zu berühren. Dabei sollen sie mit nach vorn gestreckten Armen zuerst wieder in das Wasser eintauchen und anschließend weiterlaufen. Beachten Sie hier unbedingt die Hinweise bei „Aufgepasst!". Zwischendurch ertönt ein Pfiff von Ihnen. Jetzt können Punkte gesammelt werden. Geben Sie vor jedem Durchgang vor, wie Punkte gewonnen werden können, z. B.: „Jetzt erhalten alle einen Punkt, die beim Pfiff über ein Schwimmbrett springen".

Tipp:
Je nach Leistungsstand kann in tieferem Wasser gespielt werden.

Variation

Spielen Sie das Spiel nach dem bekannten Spiel „Reise nach Jerusalem" und nehmen Sie nach jedem Pfiff Gegenstände aus dem Wasser. Jetzt gibt es für die einen Punkt, die bei Pfiff überhaupt noch einen Gegenstand finden, um darüberzuspringen. Um eine hohe Standzeit zu vermeiden, sollten auch die Schüler*innen weiter am Spiel teilnehmen, die beim Pfiff kein Hindernis gefunden haben.

Aufgepasst!
Legen Sie zu Beginn die Sprungrichtung fest, sodass Schüler*innen nicht versehentlich von beiden Seiten über denselben Gegenstand springen. Bitte wählen Sie – aus Sicherheitsgründen – die Beckentiefe entsprechend der Körpergröße aus.

Buchstabe oder Zahl

- ✔ **Ziele:** Sammeln von Bewegungserfahrungen mit der Delfinbewegung
- ✔ **Klassenstufe:** 3–5
- ✔ **Anspruch:** mittel
- ✔ **Becken:** Nichtschwimmerbecken
- ✔ **Dauer:** ca. 10 Minuten
- ✔ **Material:** laminierte Buchstaben- und Zahlenkarten (siehe Kopiervorlage S. 39)

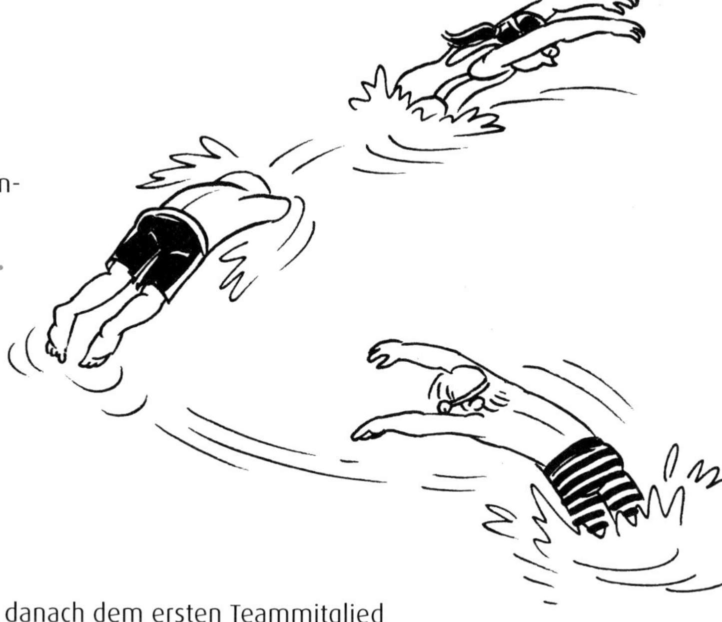

Spielidee

Bilden Sie 4er-, 5er- oder 6er-Teams. Zeigen Sie danach dem ersten Teammitglied einen Buchstaben oder eine Zahl. Dieses Teammitglied versucht, den Weg des Buchstabens oder der Zahl (siehe Kopiervorlage S. 39) durch mehrere Delfinsprünge im Nichtschwimmerbecken „abzuspringen" (mit beiden Füßen vom Boden abdrücken und mit nach vorn gestreckten Armen wieder eintauchen). Die anderen Schüler*innen springen denselben Weg mit Delfinsprüngen nach. Nachdem alle Schüler*innen der Kleingruppe hintereinander hergesprungen und am Ziel angekommen sind, dürfen alle einen Tipp abgeben, welcher Buchstabe oder welche Zahl gesprungen werden sollte. Nachdem alle Kleingruppen an der Reihe waren, darf ein weiteres Teammitglied den nächsten Buchstaben oder die nächste Zahl „vorspringen" und alle anderen Schüler*innen folgen.

Variation

Die Schüler*innen dürfen sich selbst einen Buchstaben oder eine Zahl oder sogar eine geometrische Form einfallen lassen und diesen Weg mit Delfinsprüngen „vorspringen".

Tipp:

Üben Sie die Delfinbewegung mit den Schüler*innen in der vorherigen Schwimmstunde, damit die Schüler*innen eine Bewegungsvorstellung haben und die Spielform reibungslos durchgeführt werden kann.

Aufgepasst!

Für Delfinsprünge muss das Nichtschwimmerbecken ausreichend tief sein, die Arme sollten beim Eintauchen immer nach vorn gestreckt werden (auch als Schutz) und die Abstände sollten groß genug sein, damit es nicht zu Zusammenstößen kommt.

Kopiervorlage

Buchstabe oder Zahl

Z ←	3 →	0 ←
8 →	9 →	5 →
B →	C ←	N ↑
P ↑	R ↑	S →

Die Pfeile geben die Schwimmrichtung zu Beginn der Delfinsprünge vor.

In die leeren Kästchen können Sie eigene Ideen eintragen.

Korkenzieher

- **Ziele:** Sammeln von Bewegungserfahrungen mit der Delfinbewegung und mit Rotationsbewegungen
- **Klassenstufe:** 5–10
- **Anspruch:** mittel
- **Becken:** Nichtschwimmerbecken
- **Dauer:** ca. 5 Minuten
- **Material:** Es wird kein Material benötigt.

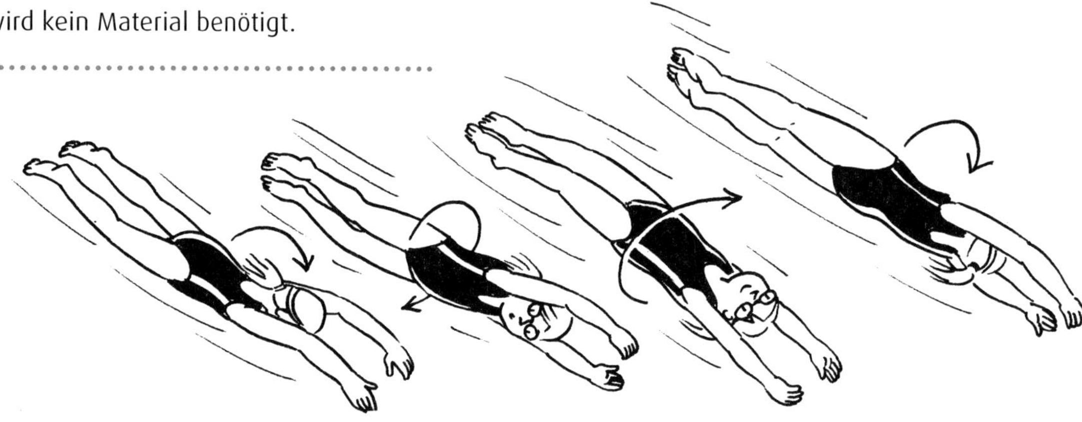

Spielidee

Die Schüler*innen stellen sich im Nichtschwimmerbecken im Wasser an den Beckenrand. Nach Ihrem Startkommando stoßen sie sich in der Bauchlage vom Beckenrand ab. Nach dem Abstoß beginnen die Schüler*innen in der Unterwasserphase mit Delfinbeinschlägen und drehen sich dabei um die Körperlängsachse. Von der Bauchlage über die Seitenlage in die Rückenlage und wieder über die andere Seitenlage in die Bauchlage. Die Arme bleiben dabei durchgehend nach vorn gestreckt. Dies wiederholt sich so lange, bis die Schüler*innen wegen Luftknappheit auftauchen müssen oder auf der anderen Beckenseite angekommen sind. Wer kommt mit dem „Korkenzieher-Drehen" am weitesten?

Variation

Für Einsteiger*innen reicht eine gesamte Drehung von der Bauchlage wieder bis zur Bauchlage. Damit werden schon die ersten Bewegungserfahrungen gesammelt.

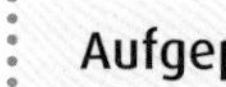

Tipp:

Bei Übungsaufgaben, die nach dem Abstoß zunächst unter der Wasseroberfläche ausgeführt werden, bekommen die Schüler*innen oft Wasser in die Nase und das ist ein unangenehmes Gefühl. Geben Sie den Hinweis, durch die Nase auszuatmen. Mit diesem „Trick" ist das Problem gelöst.

Aufgepasst!

Wenn die Gruppe zu groß ist, können nicht alle Schüler*innen gleichzeitig starten. Teilen Sie durch einfaches Durchzählen (1, 2, 3, 1, 2, 3, 1 ...) in drei oder mehr Startgruppen auf. Beachten Sie dabei, dass erst zurückgeschwommen werden darf, wenn alle Schüler*innen auf der anderen Beckenseite angekommen sind (Gegenverkehr wäre sehr gefährlich!).

Gegenteilspiel

- **Ziele:** Sammeln von Bewegungserfahrungen in der Delfintechnik und Schulung der Informationsverarbeitung unter Zeitdruck
- **Klassenstufe:** 5–10
- **Anspruch:** mittel
- **Becken:** Nichtschwimmerbecken
- **Dauer:** ca. 10 Minuten
- **Material:** 50 Haushaltsgummis, laminierte Gegenteil-Karten (siehe Kopiervorlage S. 42)

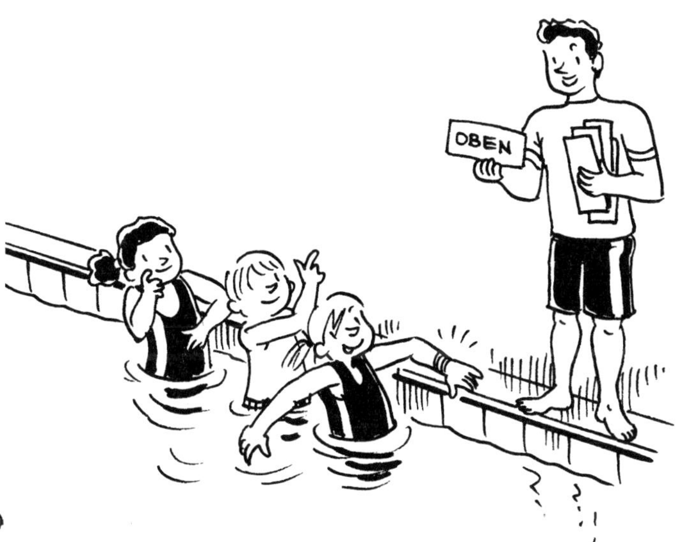

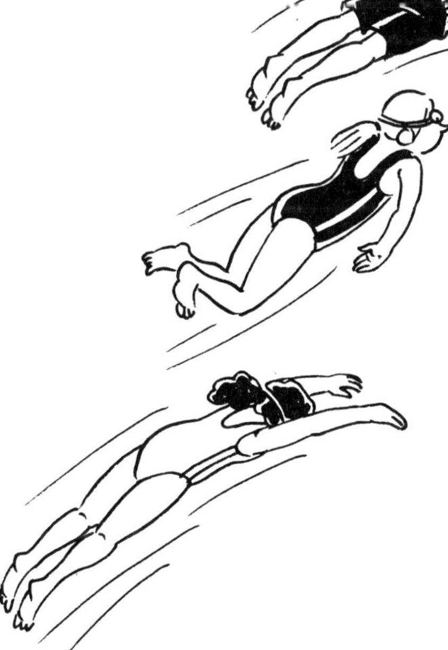

Spielidee

Teilen Sie die gesamte Gruppe in 3er-Teams ein. Die drei Schüler*innen springen im Nichtschwimmerbecken in Delfinsprüngen auf Sie zu. Beim Delfinsprung stoßen sie sich beidbeinig vom Beckenboden ab und tauchen mit nach vorn gehaltenen Armen wieder ins Wasser ein. Dabei machen sie einen delfinartigen Sprung. Wenn alle angekommen sind, zeigen Sie einen Begriff (siehe Kopiervorlage S. 42). Jetzt gilt es für die Schüler*innen, möglichst schnell zu reagieren. Wer am schnellsten das passende Gegenteil des gezeigten Begriffs ruft, z. B. wird der Begriff „heiß" gezeigt und die Schüler*innen sollen schnellstmöglich „kalt" sagen, hat den Durchgang gewonnen. Das Kind erhält einen kleinen Haushaltsgummi und macht ihn um sein Handgelenk. Wer nach acht Durchgängen die meisten Haushaltsgummis gesammelt hat, gewinnt das Gegenteilspiel.

Variation

Passen Sie die Gruppeneinteilung der Gruppengröße an (2er-, 4er-, 5er-Teams).

Tipp:
Sie können auch eigene Begriffe vorbereiten. Verwenden Sie dann aber nur eindeutige Begriffe, damit die Siegerermittlung leichtfällt und es keine langen Diskussionen gibt.

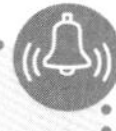

Aufgepasst!
Achten Sie im Nichtschwimmerbecken darauf, dass es tief genug ist, damit die Schüler*innen nach dem Eintauchen nicht den Beckenboden berühren.

Kopiervorlage

Gegenteilspiel

oben	klein
links	arm
weniger	alt
schwarz	süß
dünn	hell
gesund	falsch
laut	heiß
nass	schnell

Wer schwimmt in die Champions League?

- ✔ **Ziele:** Verbesserung der Delfinbewegung und Schulung der Rhythmisierung
- ✔ **Klassenstufe:** 7–10
- ✔ **Anspruch:** hoch
- ✔ **Becken:** Nichtschwimmerbecken
- ✔ **Dauer:** ca. 10 Minuten
- ✔ **Material:** Es wird kein Material benötigt.

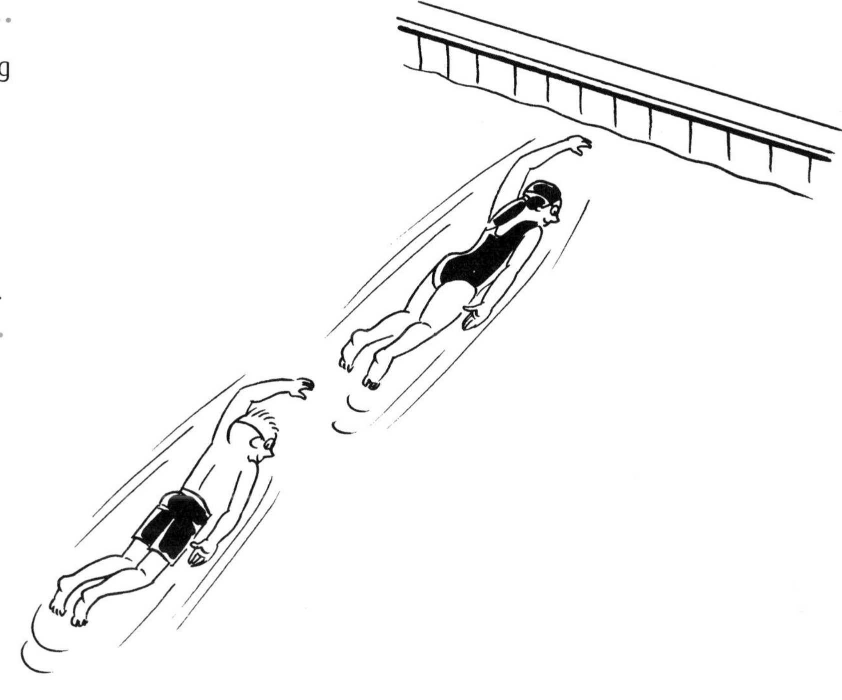

Spielidee

Teilen Sie die Schüler*innen in mehrere Gruppen ein, damit alle Schüler*innen beim Schwimmen auf der Querbahn im Nichtschwimmerbecken ausreichend Platz zur Seite haben. Die erste Aufgabe über die Querbahn ist folgende: Die Schüler*innen kombinieren den Kraularmzug des rechten Arms mit zwei Delfin-Beinschlägen. Nachdem alle Gruppen eine Querbahn geschwommen sind, geht es mit der gleichen Aufgabenstellung zurück. Wer diese Übung in der Grobform beherrscht, ist Bundesliga-Schwimmer*in. Bei der zweiten Aufgabe werden diese beiden Delfinbeinschläge mit dem Kraularmzug des linken Armes kombiniert. Wer diese Aufgabe auch noch beherrscht, ist Meister*in der 1. Bundesliga. Um in die Champions League zu kommen, muss folgende Aufgabe gemeistert werden: Die beiden Delfinbeinschläge werden abwechselnd mit dem rechten Kraularmzug und dem linken Kraularmzug kombiniert. Wem dies gelingt, der schwimmt in der Champions League.

Variation

Sieger*innen in der Champions League werden die Schüler*innen, die folgende Herausforderung schaffen: Kombination von zwei Delfinbeinschlägen mit dem rechten Kraularmzug, dann mit dem linken Kraularmzug und dann mit dem beidarmigen Delfinarmzug (weiterhin gilt: Pro Armzug erfolgen jeweils zwei Delfinbeinschläge).

Tipp:
Diese Spielidee ist auf geübte Schüler*innen zugeschnitten. Zumindest die Grobform der Delfinbeinschlagbewegung sollte beherrscht werden.

Aufgepasst!
Die Schüler*innen üben immer nur über eine Bahn. Erst wenn alle Gruppen angekommen sind, wird zurückgeschwommen. Es darf auf keinen Fall zu Gegenverkehr kommen, denn dies ist zu gefährlich.

Die Start- und Wendetechnik – auf den Punkt gebracht!

So geht's:

- Im Schwimmsport hat sich beim Delfin-, Brust- und Kraulschwimmen der Schrittstart durchgesetzt, ähnlich wie beim Sprintstart in der Leichtathletik. Ein Fuß befindet sich dabei an der Vorderkante des Startblocks, ein Fuß ist nach hinten versetzt. Der Körperschwerpunkt ist so nah wie möglich über dem vorderen Fuß, ohne jedoch das Gleichgewicht zu verlieren. Auf das Startsignal werden die Arme nach vorn geschwungen und die Beine führen eine Streckbewegung nach vorn aus. Zur Vorbereitung auf das Eintauchen werden in der Flugphase die Hüfte gebeugt und der Kopf gesenkt. Das Eintauchen ist optimal (mit wenig Widerstand), wenn der gesamte Körper nur durch ein „Loch" im Wasser eintaucht.
- Für den Rückenstart befinden sich die Schüler*innen in einer kompakten Hockhaltung im Wasser mit dem Rücken zur Schwimmrichtung. Auf das Startsignal werden die Arme nach hinten geschwungen, der Kopf in den Nacken überstreckt und die Beine gestreckt. In der Flugphase soll eine deutliche Bogenspannung im gesamten Körper erreicht werden, bevor der gesamte Körper durch das gleiche „Loch" im Wasser eintaucht.
- Für die Kippwende erfolgt beim Delfin- und Brustschwimmen der Anschlag mit beiden Händen gleichzeitig, beim Kraulschwimmen erfolgt der Anschlag mit einer Hand. Nach dem Anschlag nimmt der Körper eine kompakte Hockhaltung ein. Nach der Drehung zur Seite wird ein Arm unter Wasser, der andere Arm über Wasser in die neue Schwimmrichtung geführt. Anschließend erfolgt ein kräftiger, beidbeiniger Abstoß in Seitlage gefolgt von der Drehung in Bauchlage.
- Beim Rückenschwimmen erfolgt der Anschlag in Rückenlage mit einer Hand. Anschließend wird der Körper gedreht, sodass der Rücken in die neue Schwimmrichtung zeigt. Der Abstoß erfolgt dann analog zum Rückenstart.

Das ist wichtig:

- Beim Delfin- und Brustschwimmen muss auch der Zielanschlag mit beiden Händen gleichzeitig erfolgen. Beim Rückenschwimmen muss der Zielanschlag in Rückenlage erfolgen.
- Um einen Geschwindigkeitsverlust nach dem Startsprung und nach der Wende zu vermeiden, ist es wichtig, dass der Körper angespannt wird und sich die Schüler*innen stromlinienförmig durch das Wasser bewegen.

Gut zu wissen!

- Geübte Schüler*innen können beim Kraulschwimmen die Rollwende testen. Nach dem Anschwimmen an die Wand bleiben die Arme seitlich am Körper liegen. Es erfolgt eine Drehung um die Körperbreiten- und längsachse vor der Wand. Anschließend folgt der Abstoß in Seitlage mit anschließender Drehung in Bauchlage. Die Arme sind dabei gestreckt und zeigen in die neue Schwimmrichtung.

... und so sieht es aus:

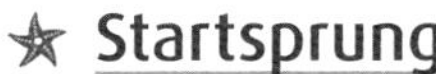

★ Startsprung

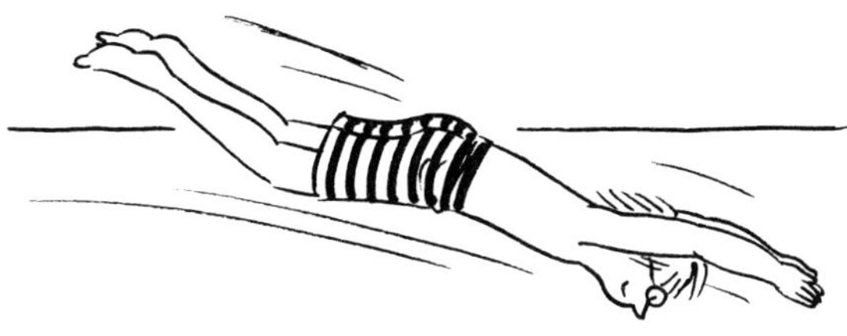

Bewegungsablauf Startsprung

★ Rückenstart

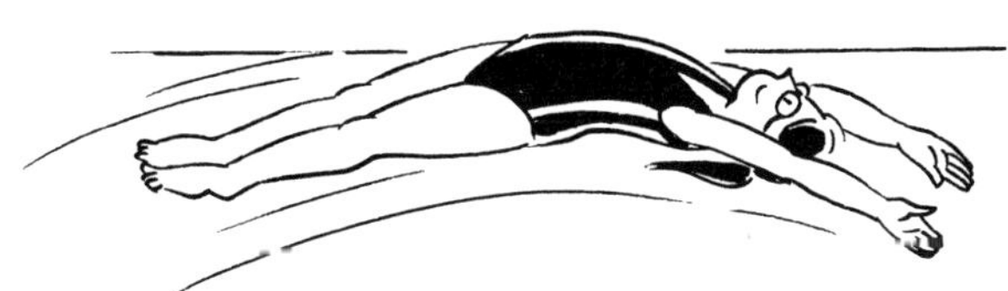

Bewegungsablauf Rückenstart

★ Wende

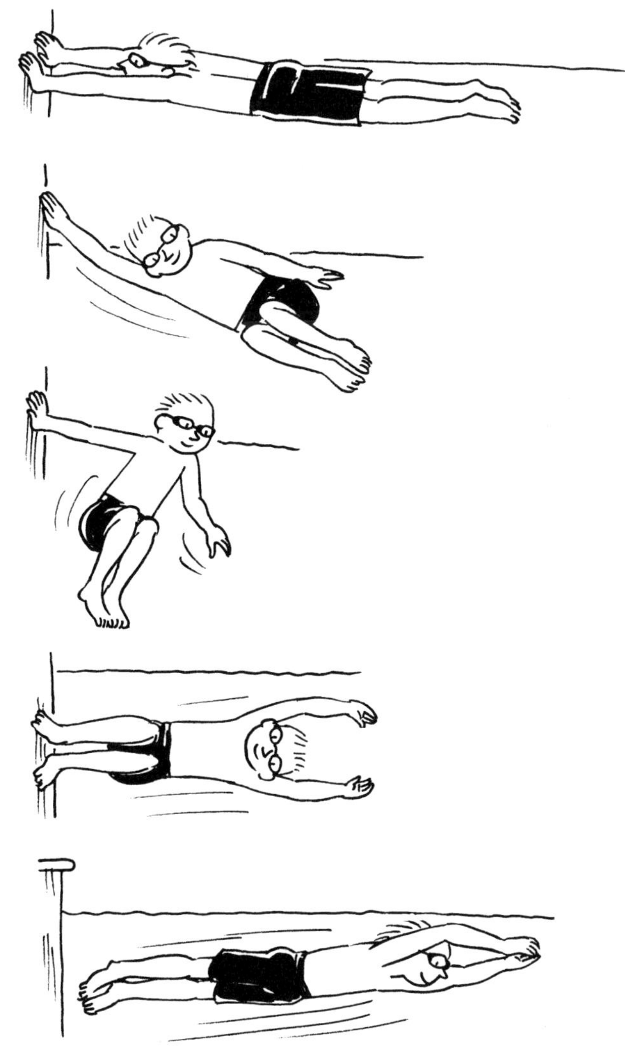

Bewegungsablauf Wende

Synchrone Sprungakrobatik

- **Ziele:** Entwicklung der Sprungsicherheit und Förderung der Kreativität
- **Klassenstufe:** 3–5
- **Anspruch:** mittel
- **Becken:** Schwimmerbecken
- **Dauer:** ca. 10 Minuten
- **Material:** Es wird kein Material benötigt.

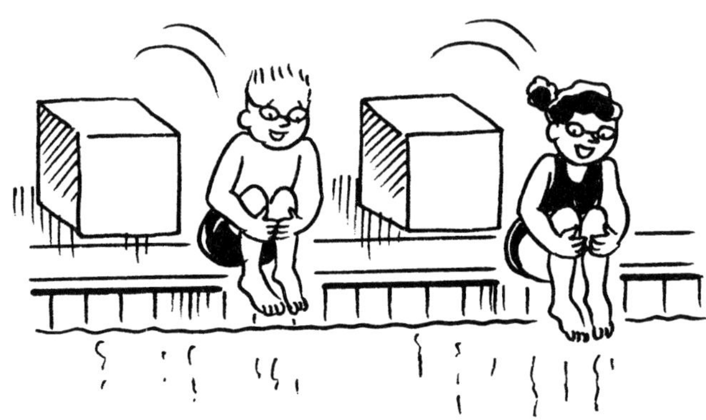

Spielidee

Die Schüler*innen finden sich zu zweit zusammen. Jedes 2er-Team überlegt, welchen Sprung es von den Startblöcken machen möchte. Es gibt viele Sprungmöglichkeiten und die Teams sollen mindestens fünf verschiedene Sprünge durchführen. Um den Schüler*innen Impulse zu geben und sie in ihren Überlegungen zu unterstützen, können Sie einige Sprungvorschläge vorgeben (z. B. Kopfsprung, Bombe, fußwärts, nach dem Absprung anhocken). Nachdem sich die beiden Schüler*innen für einen Sprung entschieden haben, geht jede*r auf einen Startblock und eine*r der beiden gibt das Startkommando. Das Sprungakrobaten-Paar soll den gemeinsamen Sprung möglichst synchron durchführen. Welches Team hat den höchsten Grad an Synchronität? Unterstützen Sie die Schüler*innen verbal und geben Sie ihnen nach den Sprüngen Tipps.

Variation

Wenn die Schüler*innen das synchrone Springen gut umsetzen, können die Sprünge auch in 3er-Teams ausprobiert werden. Dabei gibt das mittlere Teammitglied ein lautes Startkommando.

Aufgepasst!
Achten Sie auf eine ausreichende Wassertiefe, um Verletzungen zu vermeiden. Lassen Sie Schüler*innen, die noch nie vom Startblock gesprungen sind, vom Beckenrand springen. Wenn Sie nach einigen Durchgängen wahrnehmen, dass die Schüler*innen an Sicherheit gewonnen haben, können Sie das Team zu einem Sprung vom Startblock ermuntern. Entscheiden Sie individuell und beobachten Sie alle Sprünge!

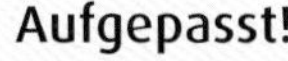

Tipp:
Es darf nur nach vorn und nie zur Seite gesprungen werden. Die Gefahr, an den Beckenrand zu springen oder mit Mitschüler*innen zu kollidieren, ist zu hoch.

Würfel dir deinen Sprung!

- **Ziele:** Sammeln unterschiedlicher Bewegungserfahrungen beim Sprung ins Wasser
- **Klassenstufe:** 3–10
- **Anspruch:** mittel
- **Becken:** Schwimmerbecken
- **Dauer:** ca. 10 Minuten
- **Material:** 3 Würfel, laminierte Aufgabenkarten (siehe Kopiervorlage S. 48)

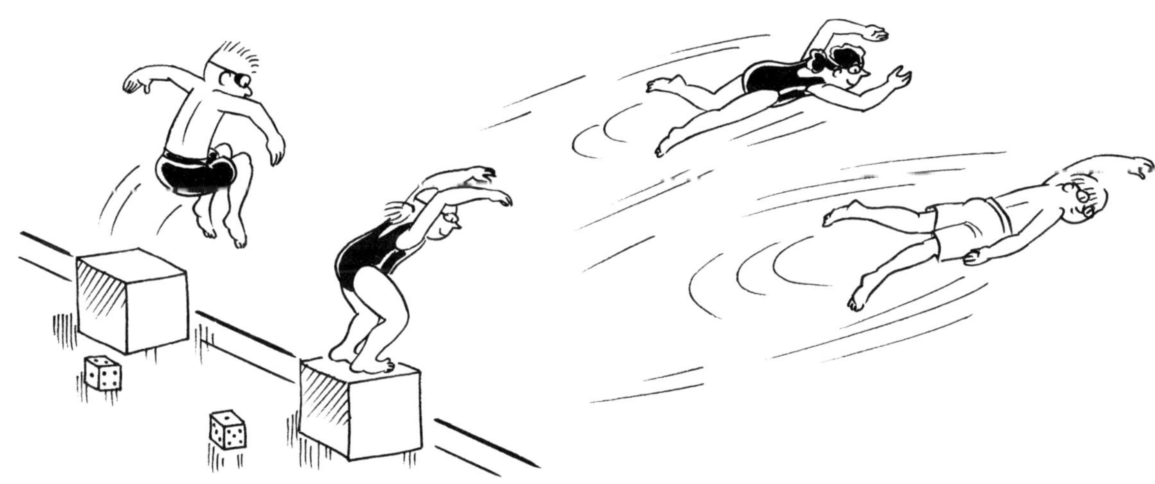

Spielidee

Vor dem Sprung dürfen alle Schüler*innen würfeln. Die Augenzahl auf dem Würfel entscheidet, welche Art von Sprung gemacht wird (siehe Kopiervorlage S. 48). Damit es nicht zu langen Wartezeiten kommt, wird nach jedem Sprung die Bahn im Schwimmerbecken bis zum Ende geschwommen und dann zur Sprungseite zurückgelaufen.

① = Startsprung für das Kraulschwimmen und bis zum Ende der Bahn kraulen!
② = Startsprung für das Brustschwimmen und bis zum Ende der Bahn brustschwimmen!
③ = Mache einen lustigen Sprung und schwimme, wie du möchtest, bis zum Ende der Bahn!
④ = Springe ins Wasser, tauche mit den Füßen zuerst ein und schwimme Brust bis zum Ende der Bahn!
⑤ = Springe so ins Wasser, dass es möglichst hoch spritzt, und schwimme bis zum Ende der Bahn!
⑥ = Freie Auswahl! Du kannst ins Wasser springen, wie du möchtest, und bis zum Ende der Bahn in deiner Lieblingslage schwimmen!

Variation

Immer ein*e Schüler*in darf für die gesamte Gruppe würfeln.

Tipp:

Passen Sie die Sprungideen der Zielgruppe an. Je älter und fortgeschrittener die Schüler*innen sind, desto mehr dürfen auch Startsprünge für die einzelnen Lagen dabei sein.

Aufgepasst!
Startsprünge dürfen nur ins Schwimmerbecken an dem für Sprünge vorgesehenen Bereich gemacht werden! Beachten Sie bitte, dass es auch in einem Schwimmerbecken unterschiedliche Tiefen an den Kopfenden geben kann!

Kopiervorlage

Würfel dir deinen Sprung!

	Startsprung für das Kraulschwimmen und bis zum Ende der Bahn kraulen!
	Startsprung für das Brustschwimmen und bis zum Ende der Bahn brustschwimmen!
	Mache einen lustigen Sprung und schwimme, wie du möchtest, bis zum Ende der Bahn!
	Springe ins Wasser, tauche mit den Füßen zuerst ein und schwimme Brust bis zum Ende der Bahn!
	Springe so ins Wasser, dass es möglichst hoch spritzt, und schwimme bis zum Ende der Bahn!
6	Freie Auswahl! Du kannst ins Wasser springen, wie du möchtest, und bis zum Ende der Bahn in deiner Lieblingslage schwimmen!

Wendestaffel

- ✔ **Ziele:** Verbesserung der Wendetechnik des Brustschwimmens
- ✔ **Klassenstufe:** 5–10
- ✔ **Anspruch:** gering
- ✔ **Becken:** Nichtschwimmerbecken
- ✔ **Dauer:** ca. 10 Minuten
- ✔ **Material:** Es wird kein Material benötigt.

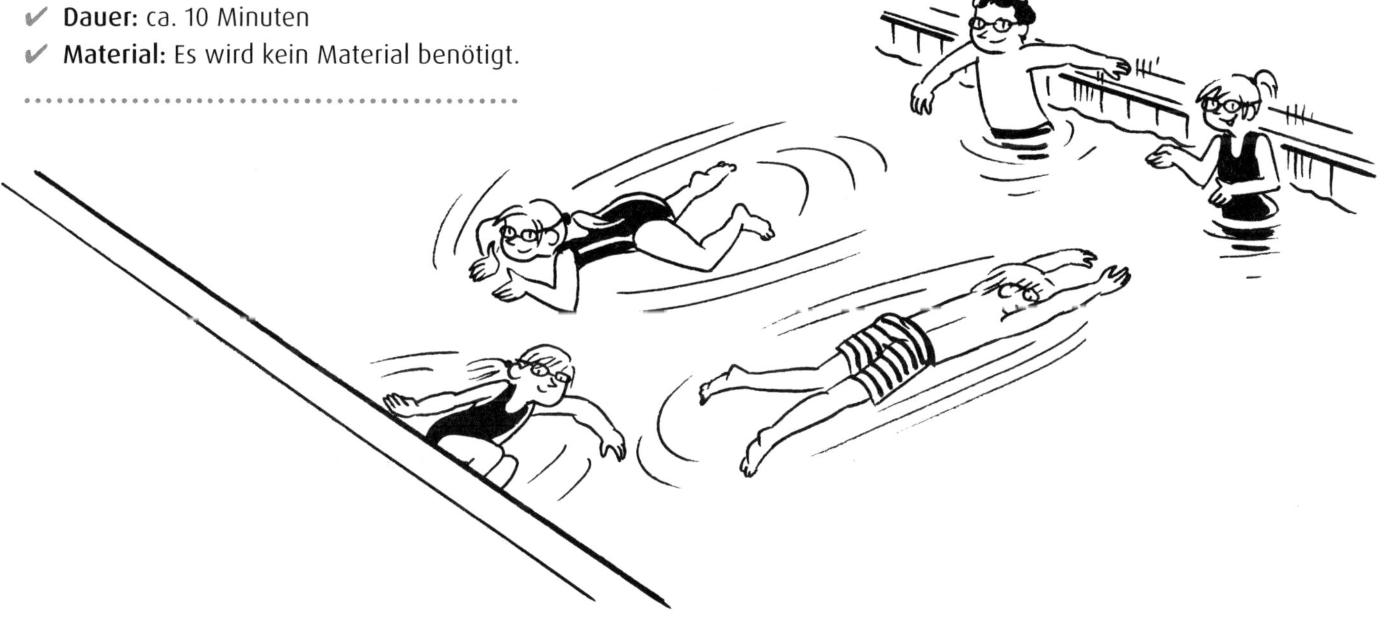

Spielidee

Diese besondere „Wendestaffel" führen Sie im Nichtschwimmerbecken durch. Teilen Sie die Gruppe in mehrere Staffelteams auf. Jeweils ein Teammitglied schwimmt nach Ihrem Startsignal in der Brustlage zur anderen Beckenseite, macht eine schnelle Wende und kommt wieder zu seinem Team zurück. Wenn das erste Teammitglied am Beckenrand (Start- und Zielpunkt) angeschlagen hat, darf das nächste Teammitglied starten. Die schnellste Staffelgruppe gewinnt die „Wendestaffel". Natürlich führen Sie einen Revanchedurchgang durch und geben nach jedem Staffelwettbewerb Tipps, wie noch schneller und effizienter gewendet werden kann (z. B. schnellere Drehung, kräftiger von der Beckenwand abstoßen ...).

Variation

Machen Sie mehrere Durchgänge und teilen Sie die Staffelteams nach jedem Durchgang neu ein. Welche*r Schüler*in ist am häufigsten bei der Siegerstaffel?

Tipp:

Bei der „Wendestaffel" gibt es die Chance, dass die Schüler*innen nach dem Abstoß bei der Wende einen Brustarmzug (Tauchzug) unter der Wasseroberfläche machen. Allerdings muss das Nichtschwimmerbecken lang genug sein, damit auch geübte Schüler*innen den Tauchzug durchführen können, ohne beim Tauchen gegen die Beckenwand zu schwimmen.

Aufgepasst!

Achten Sie auf die Ausführung bei der Wende. Die Hände müssen gleichzeitig an der Beckenwand anschlagen. Dieser gleichzeitige Anschlag beider Hände muss auch bei der Ankunft an der Ziel-Beckenwand erfolgen. Weisen Sie die Schüler*innen vor der „Wendestaffel" auf diese Regel hin.

Königreich der Regungslosen

- **Ziele:** Anreize für einen Kopfsprung schaffen und Verbesserung der Gleitfähigkeit nach dem Startsprung
- **Klassenstufe:** 7–10
- **Anspruch:** mittel
- **Becken:** Schwimmerbecken
- **Dauer:** ca. 10 Minuten
- **Material:** 3 Pylonen

Spielidee

Platzieren Sie am Beckenrand des Schwimmerbeckens drei Pylonen im Abstand von 1 Meter. Je nach Leistungsstand der Schüler*innen können die Pylonen beispielsweise 4, 5 und 6 Meter vom Startblock entfernt sein. Die Schüler*innen springen vom Startblock ins Wasser, halten Körperspannung, aber dürfen sich anschließend nicht mehr bewegen. Drei Punkte gibt es, wenn auf diese Weise die am weitesten entfernte Pylone erreicht werden kann, zwei Punkte für die mittlere Pylone und einen Punkt für die erste Pylone. Nach jedem Durchgang können die Pylonen verstellt werden. Wer sammelt jetzt wie viele Punkte? Sieger*in ist, wer nach fünf Durchgängen die meisten Punkte sammeln konnte.

Variation

Führen Sie eine Teamwertung ein. Gemeinsam gewinnen macht mehr Spaß und gemeinsam verlieren ist weniger schlimm.

Tipp:
Wenn viele Schüler*innen am Schwimmunterricht teilnehmen, können Sie die Schüler*innen eine Bahn zu Ende schwimmen lassen, nachdem sie nur noch auf der Stelle treiben. Anschließend laufen sie zum Startblock zurück. Dann verringert sich die Anstehzeit vor dem Startsprung.

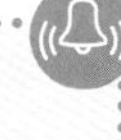

Aufgepasst!

Es darf nur nach vorn und nie zur Seite gesprungen werden. Die Gefahr, an den Beckenrand zu springen, ist zu hoch.

Auf Pfiff geht's rund!

- **Ziele:** Sammeln von Bewegungserfahrungen bei Rollbewegungen als vorbereitende Übung für die Rollwende beim Kraulschwimmen
- **Klassenstufe:** 7–10
- **Anspruch:** hoch
- **Becken:** Schwimmerbecken
- **Dauer:** ca. 10 Minuten
- **Material:** Pfeife für die Signalgebung

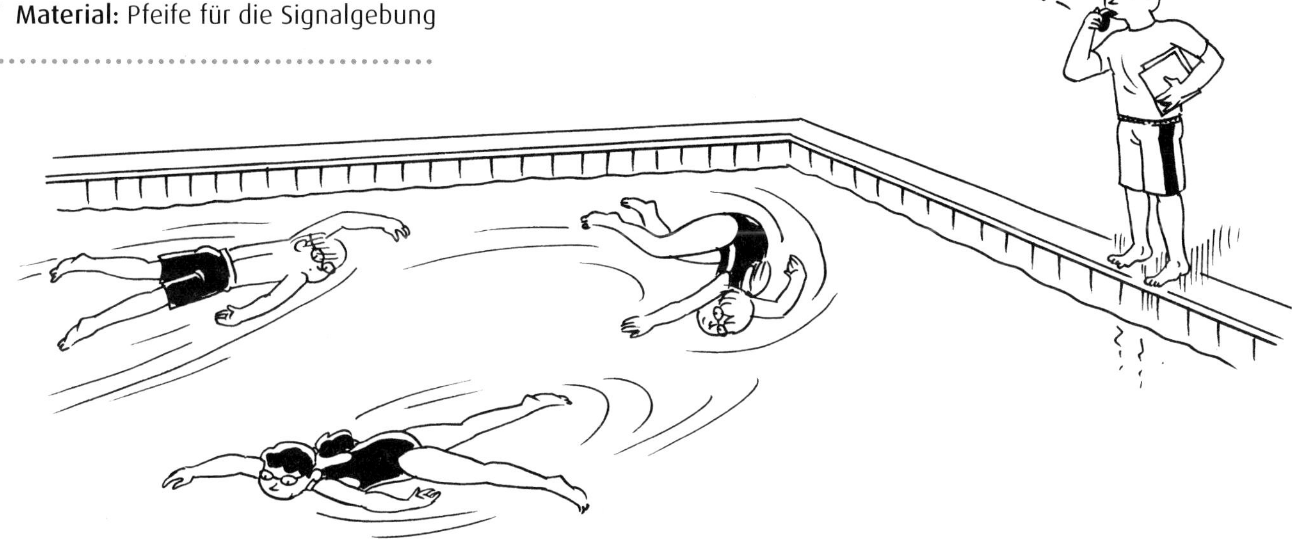

Spielidee

Teilen Sie die Gruppe in drei bis vier Teams ein. Nach Ihrem Startsignal schwimmt je ein Teammitglied in Kraullage (für ungeübte Schüler*innen in Brustlage) los. Nach einer gewissen Zeit (wenn das erste Kind etwa in der Mitte des Beckens ist) pfeifen Sie. Der Pfiff ist das Signal für die Schüler*innen, dass sie sich drehen müssen. Wie bei einer Rollwende drehen sie sich um die Breitenachse (eine halbe Rolle mit seitlicher Drehung) und schwimmen in die Richtung zurück, aus der sie gekommen sind. Wenn Sie eine Wertung dieser Spielform machen möchten, ist folgender Wettspielgedanke sinnvoll: Gibt es Schüler*innen, welche es schaffen, bei Ihrem Pfiff vorn zu liegen und trotzdem auf dem Rückweg zuerst am Beckenrand anzuschlagen?

Tipp:

Bei Drehungen im Wasser bekommen die Schüler*innen oft Wasser in die Nase und das ist ein unangenehmes Gefühl. Geben Sie den Hinweis, bei der Drehung durch die Nase auszuatmen. Mit diesem „Trick" ist das Problem gelöst.

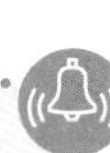

Aufgepasst!

Manche Schüler*innen drehen bei der Drehung um die Breitenachse erst einmal etwas großräumiger. Da sich die Schüler*innen noch nicht so gut orientieren können, ist es möglich, dass sie in Richtung Beckenboden abtauchen. Aus diesem Grund muss diese Spielform im Schwimmerbecken durchgeführt werden und darf aufgrund der zu geringen Wassertiefe auf keinen Fall im Nichtschwimmerbecken umgesetzt werden!

Variation

Die Schüler*innen machen eine ganze Drehung um die Breitenachse (360 Grad) und schwimmen in die gleiche Richtung wie vor der Drehung. Sie pfeifen pro Bahn 2- bis 3-mal.

Spielerisch ...

zur Verbesserung der konditionellen Fähigkeiten

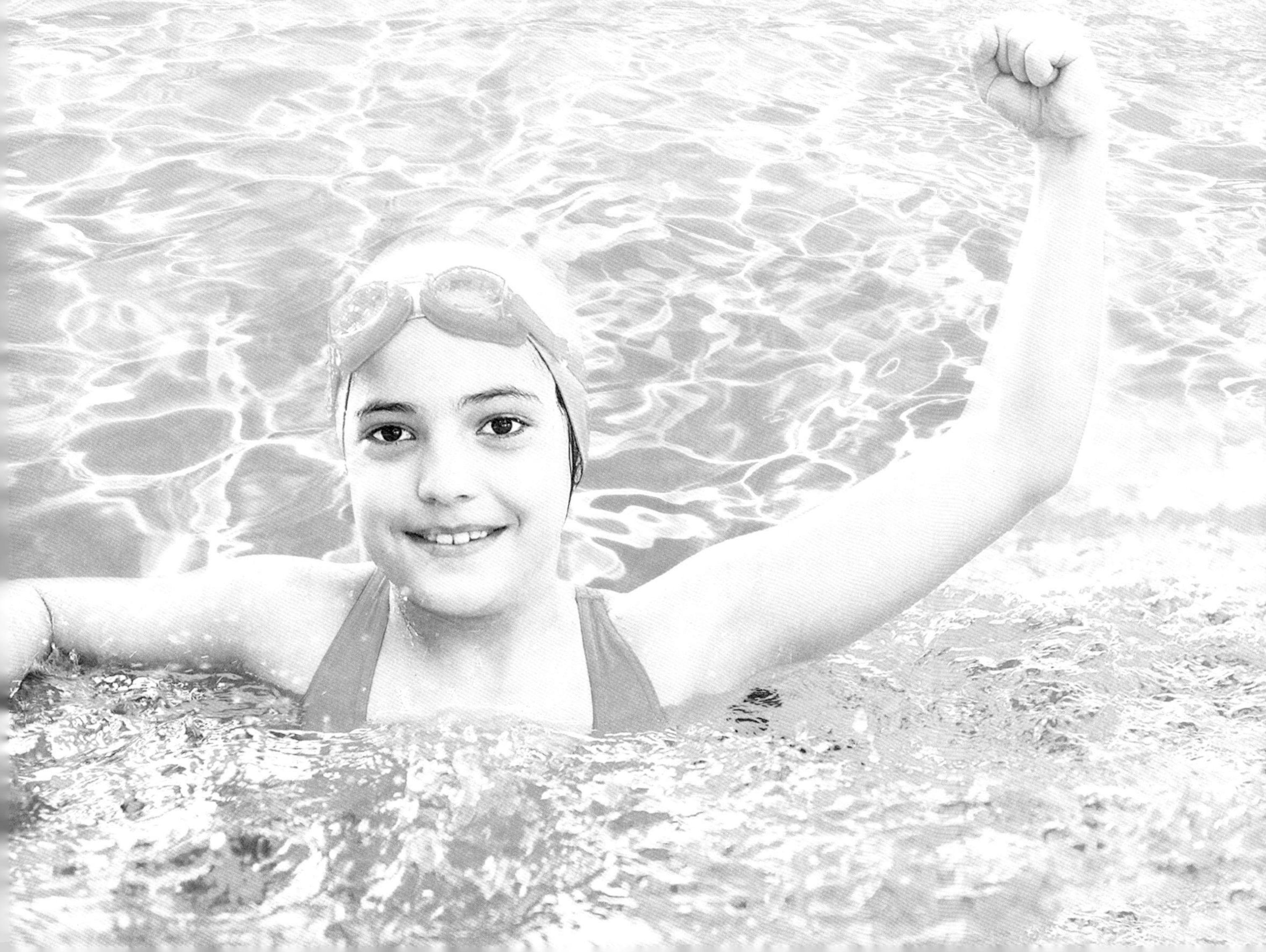

Aerobe Ausdauer – auf den Punkt gebracht!

So geht's

- Aerobes Ausdauertraining ist in der Regel durch eine längere Belastungsdauer bei geringer bis mittlerer Intensität gekennzeichnet. Zielsetzungen sind verschiedene positive Anpassungen (Blut, Blutgefäße, Herz, Lunge) im Herz-Kreislaufsystem.
- Die spielerischen Impulse bei den angebotenen Spielideen sollen vom monotonen Dauerschwimmen ablenken und die Schüler*innen durch interessante Aufgabenstellungen motivieren.

Gut zu wissen!

- Die Grundlage, um durch Schwimmen überhaupt die aerobe Ausdauer schulen zu können, ist eine Schwimmtechnik, die zumindest in der Grobform beherrscht wird. Ansonsten ist die Schwimmtechnik der limitierende Faktor und nicht die Fähigkeit, ausdauernd zu schwimmen. Die Technik der Schwimmlage ist somit die Voraussetzung, um überhaupt ausdauerndes Schwimmen durchzuführen.

Das ist wichtig:

- Die Spielideen sollen bei der aeroben Ausdauerschulung nicht zum schnellen Schwimmen animieren, denn dafür sind die Spielideen zur Verbesserung der Schnelligkeit gedacht. Die Spielideen sollen das Dauerschwimmen durch Abwechslungen und kleine Herausforderungen interessanter machen.

... und so sieht es im Schwimmerbecken aus:

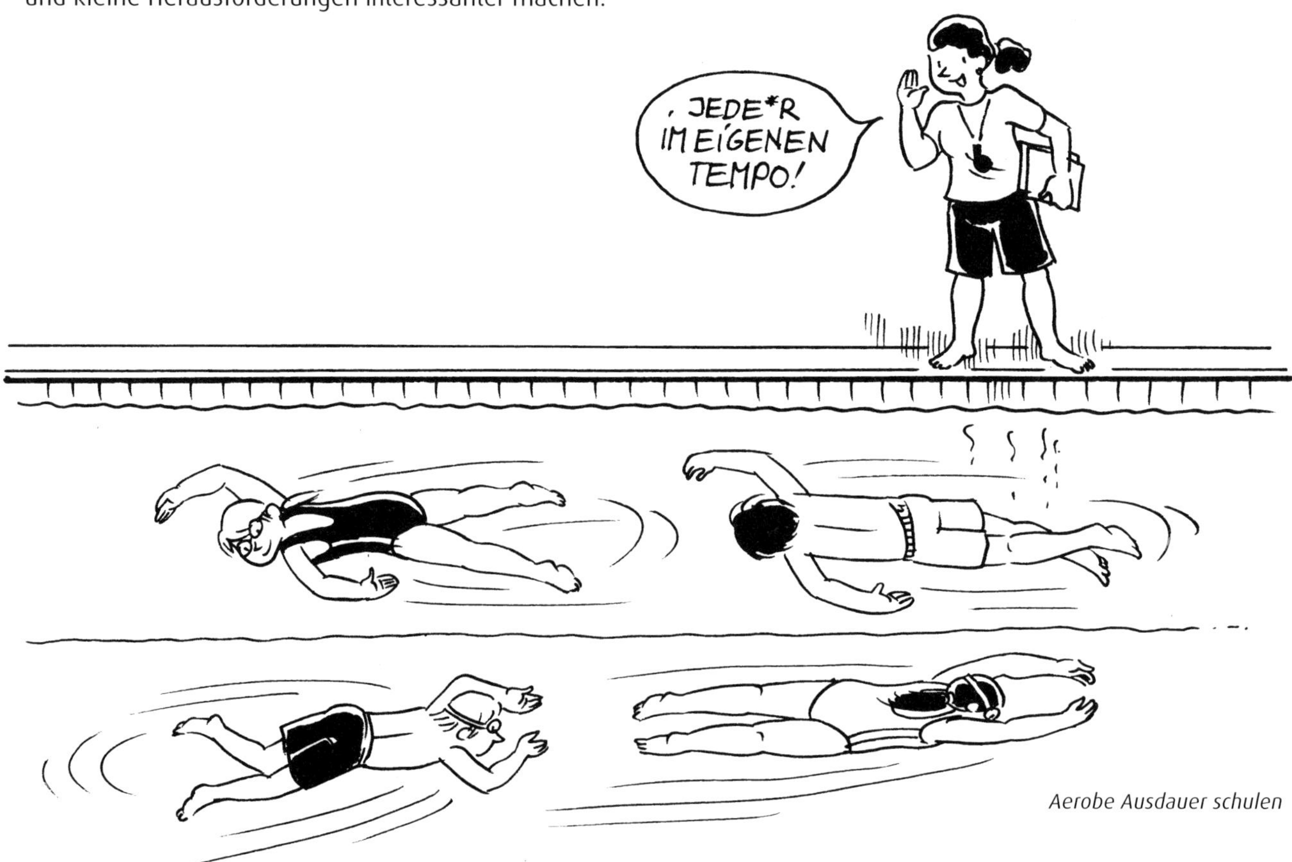

Aerobe Ausdauer schulen

Beim Ausdauertraining sollten die Gruppen nach Schwimmlage und Tempo eingeteilt werden.

Flunkergeschichten

- **Ziele:** Verbesserung der aeroben Ausdauerleistungsfähigkeit
- **Klassenstufe:** 3–7
- **Anspruch:** gering
- **Becken:** Schwimmerbecken
- **Dauer:** ca. 15 Minuten
- **Material:** ggf. pro Schüler*in 1 Schwimmbrett

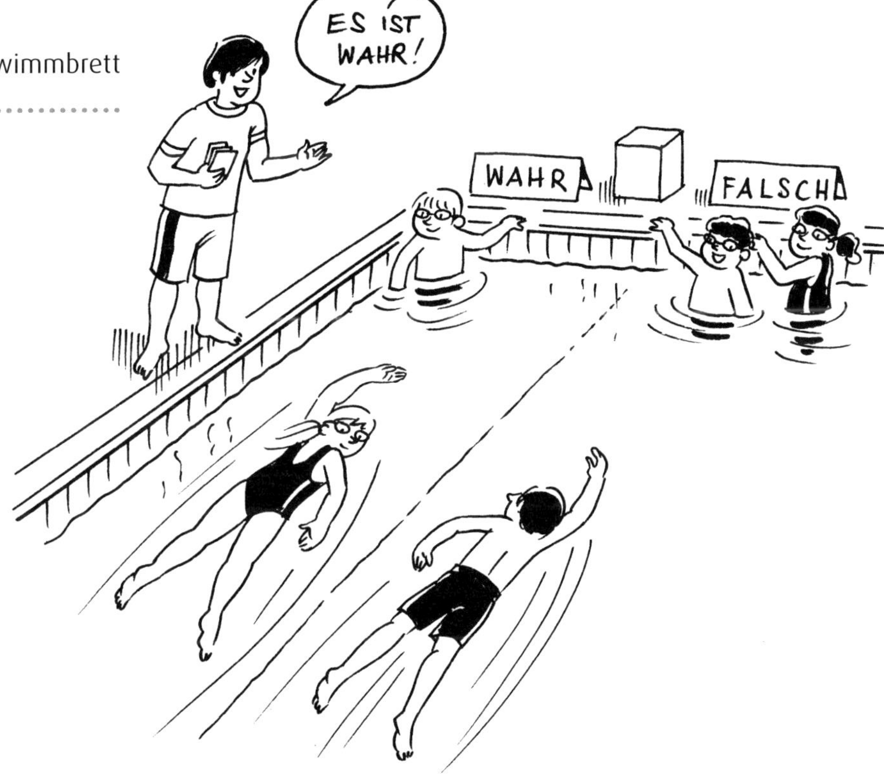

Spielidee

Überlegen Sie sich im Vorfeld der Stunde einige kurze Geschichten, egal ob sie stimmen oder nicht. Erzählen Sie dann eine Geschichte und lassen Sie die Schüler*innen anschließend 100 Meter (oder 50 Meter, je nach Alter und Leistungsfähigkeit) im Schwimmerbecken schwimmen. Danach müssen sie sich rechts vom Startblock positionieren, wenn sie der Meinung sind, dass die Geschichte wahr ist, bzw. links vom Startblock positionieren, wenn sie der Ansicht sind, dass die Geschichte falsch ist. Haben sie sich richtig positioniert, bekommen sie einen Punkt. Wer nach zehn Durchgängen die meisten Punkte hat, gewinnt.

Tipp:

Für jede wahre Geschichte sollten Sie anschließend den Schüler*innen auch ein paar Fakten liefern können. Sie können Geschichten aus verschiedenen Bereichen erzählen oder einen Schwerpunkt setzen.

Variation

Passen Sie die Schwimmstrecke an die Fähigkeiten Ihrer Schüler*innen an. Falls Sie die Beinarbeit schulen möchten, können Sie das Spiel auch nur mit Beinschlägen durchführen. Dann ist für alle Schüler*innen ein Schwimmbrett erforderlich (allerdings sind dann Durchgänge zu je 50 Metern ausreichend).

Aufgepasst!

Achten Sie darauf, dass sich die Schüler*innen deutlich positionieren und klar zu erkennen ist, welche Schüler*innen der Meinung sind, dass die Geschichte wahr oder falsch ist.

Erfolgreich im 6er-Team

- **Ziele:** Verbesserung der aeroben Ausdauer und Schulung der Sozialkompetenz
- **Klassenstufe:** 3–10
- **Anspruch:** mittel
- **Becken:** Schwimmerbecken
- **Dauer:** ca. 15 Minuten
- **Material:** 1 Stoppuhr, 1 Würfel

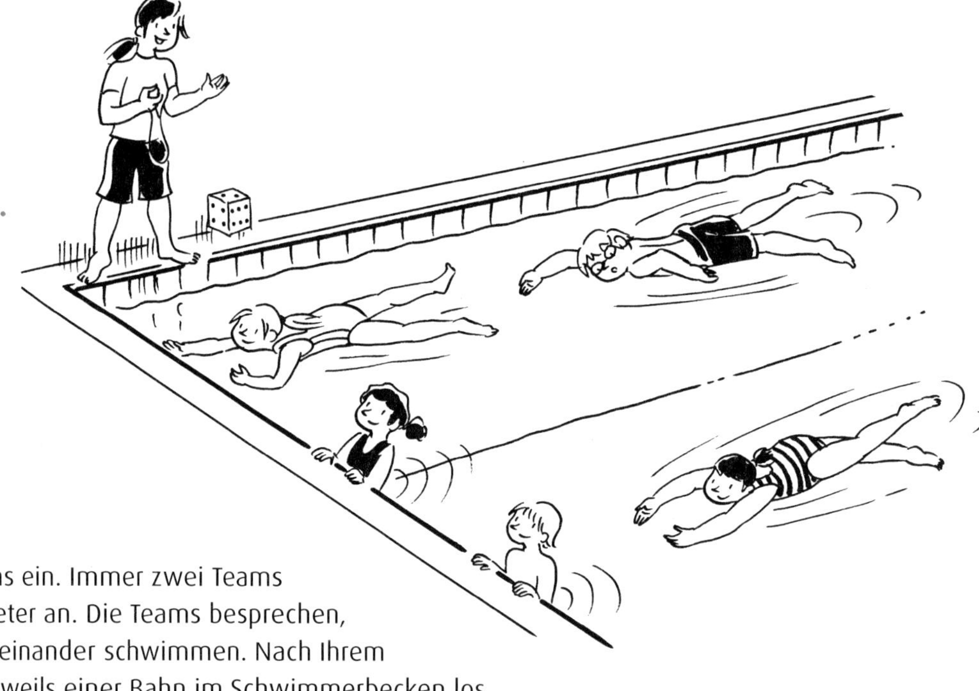

Spielidee

Teilen Sie die Gruppe in 6er-Teams ein. Immer zwei Teams treten gegeneinander über 50 Meter an. Die Teams besprechen, in welcher Reihenfolge sie hintereinander schwimmen. Nach Ihrem Startsignal schwimmen sie auf jeweils einer Bahn im Schwimmerbecken los. Erst nachdem alle Schüler*innen losgeschwommen sind, würfeln Sie eine Augenzahl. Lassen Sie den Würfel mit der gewürfelten Augenzahl offen liegen, damit die Teams nach der Zielankunft darauf schauen können. Die Augenzahl gibt vor, welches Teammitglied bei der Zielankunft gestoppt und gewertet wird. Zeigt der Würfel z. B. eine 3, dann wird das dritte Teammitglied, das am Beckenrand anschlägt, gewertet. Wurde eine 6 gewürfelt, dann wird das sechste Teammitglied gewertet. Nach der Zielankunft wird geschaut, welches gewürfelte Teammitglied schneller war, und dessen Team erhält einen Punkt. Es gibt mehrere Durchgänge, je nach Anzahl der 6er-Teams treten sie mehrfach gegeneinander an. Die Start-Reihenfolge innerhalb eines Teams kann beliebig verändert werden.

Variation

Das Spiel kann auch mit 3er-, 4er- oder 5er-Teams gespielt werden. Falls Sie beim Würfeln eine Zahl würfeln, die nicht besetzt ist, wird das Würfeln wiederholt.

Tipp:
Geben Sie den Schüler*innen den Hinweis, dass die Startreihenfolge während der 50-Meter-Strecke beliebig verändert werden darf und nur die Reihenfolge bei der Zielankunft entscheidend ist.

Aufgepasst!
Gerade beim Brustschwimmen kann es auf einer Schwimmbahn eng werden. Geben Sie den Schüler*innen die Hinweise, dass rechts geschwommen wird und bei Gegenverkehr nicht überholt werden darf.

Schwimm dich fit durch Deutschland!

- ✔ **Ziele:** Verbesserung der aeroben Ausdauer
- ✔ **Klassenstufe:** 5–10
- ✔ **Anspruch:** mittel
- ✔ **Becken:** Schwimmerbecken
- ✔ **Dauer:** ca. 15 Minuten
- ✔ **Material:** Schwimmbretter, laminierte Aufgabenkarten (siehe Kopiervorlage S. 58/59)

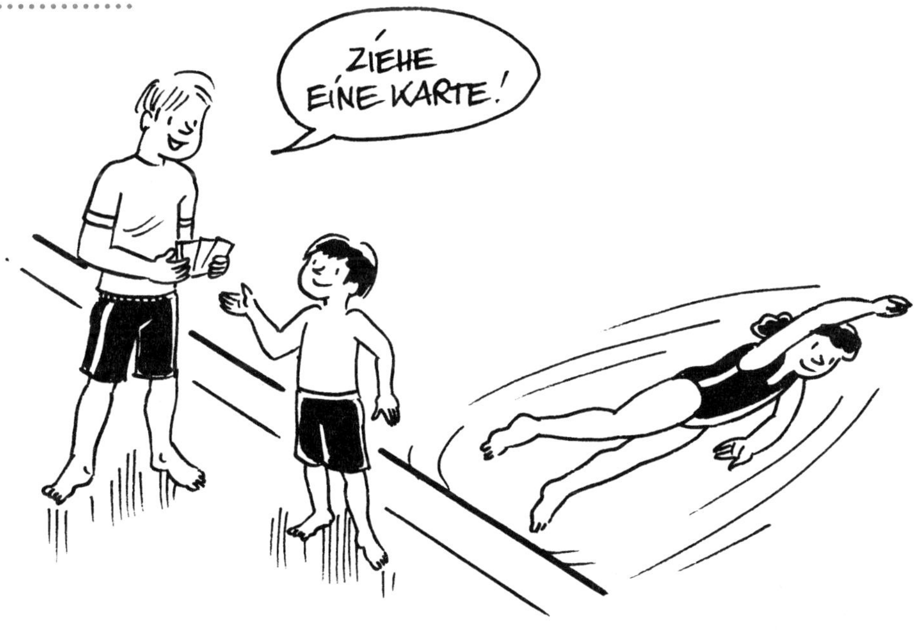

Spielidee

Die Schüler*innen ziehen nacheinander eine Aufgabenkarte (siehe Kopiervorlage S. 58/59). Auf den Kärtchen werden Besonderheiten aus Deutschland vorgestellt und daraus ergeben sich Schwimmaufgaben zur Verbesserung der aeroben Ausdauer. Alle Schüler*innen sollen mindestens drei Aufgabenkarten erfüllen. Damit alle Schüler*innen zum gleichen Zeitpunkt aufhören und für niemanden Leerlauf entsteht, kann die Spielidee auch über eine Zeit von 10, 15 oder 20 Minuten durchgeführt werden. Somit gibt es einen gemeinsamen Start und einen zeitgleichen Schluss. Falls eine Aufgabe in der Mitte der Bahn endet, darf die Bahn in einer beliebigen Lage zu Ende geschwommen werden.

Tipp:

Da die Aufgabenkarten von den Schüler*innen gezogen werden und dies auch direkt an das Schwimmen anschließt, kann es nicht vermieden werden, dass die Kärtchen nass werden. Es ist sinnvoll, wenn Sie diese vorab laminieren.

Variation

Lassen Sie die Schüler*innen zu zweit ein Aufgabenkärtchen ziehen und die Herausforderung gemeinsam meistern.

Aufgepasst!

Je nach Altersstufe und Leistungsfähigkeit können manche Aufgaben zu anspruchsvoll sein. Schauen Sie sich die Kärtchen vorher an und wenden Sie nur die Aufgaben an, die dem Leistungsstand Ihrer Klasse entsprechen.

Kopiervorlage

Schwimm dich fit durch Deutschland! (1/2)

Die **Dresdner Frauenkirche** ist 91 Meter hoch. Schwimme die Schwimmlage Brust, bis du 91 Armzüge gemacht hast.

Auf dem **Brandenburger Tor** steht eine Quadriga (ein Gespann mit 4 Pferden nebeneinander). Schwimme 4 Bahnen in der Lage deiner Wahl.

Das Märchen **„Die Bremer Stadtmusikanten"** wurde von den Brüdern Grimm niedergeschrieben und handelt von einem Esel, einem Hund, einer Katze und einem Hahn. Schwimme 4 Bahnen in 4 unterschiedlichen Lagen (Brust, Rücken, Brustbeinschlag mit Schwimmbrett und Rückenlage mit Schwimmbrett).

Die **Zugspitze** ist mit 2962 Metern der höchste Berg Deutschlands. Schwimme mit dem Schwimmbrett zunächst 29 Brust-Beinschläge und danach 62 Kraul-Beinschläge.

Der **Kölner Dom** gehört zum UNESCO-Welterbe. Sein Bau wurde im Jahr 1248 begonnen und erst nach über 600 Jahren vollendet. Schwimme 157 Meter, denn so hoch ist der Dom in Köln, in der Lage deiner Wahl.

Mit über 30 Meistertiteln sind die **Wasserfreunde Spandau 04 Berlin** bei den Männern die erfolgreichste Wasserballmannschaft Deutschlands. Schwimme 2 Bahnen Wasserballkraul. Dabei wird der Kopf nach vorn angehoben, die Arme kraulen seitlich und die Beine machen den Kraulbeinschlag.

Kopiervorlage

Schwimm dich fit durch Deutschland! (2/2)

Die **Elbphilharmonie in Hamburg** wurde am 11. Januar 2017 eröffnet und ist ein besonders eindrucksvolles Konzerthaus. Schwimme zunächst 20 Brustarmzüge und anschließend 17 Kraularmzüge.

Der **Europa-Park** ist ein Freizeit- und Themenpark in Rust bei Freiburg. Jährlich besuchen über 5 Millionen Menschen den Park, der sich über 95 Hektar erstreckt. Schwimme 95 Meter in der Schwimmlage deiner Wahl.

Das **Goethe-Schiller-Denkmal in Weimar** ist ein bronzenes Doppelstandbild der beiden deutschen Dichter.
Die Einweihung fand 1857 statt. Schwimme 18 Brustbeinschläge mit Schwimmbrett und danach 57 Kraulbeinschläge mit Schwimmbrett.

Die **Porta Nigra** ist ein ab 170 n. Chr. errichtetes, früheres Stadttor und Teil des UNESCO-Welterbes in Trier.
Schwimme 170 Meter Brust.

Das **Ulmer Münster** ist mit 161 Metern der höchste Kirchturm der Welt. Schwimme 161 Meter in der Schwimmlage deiner Wahl.

Der **FC Bayern München** hat im Männer-Fußball im Jahr 2020 seinen 50. Nationalen Titel (30 Meisterschaften, 20 Pokalsiege) gewonnen. Schwimme mit dem Schwimmbrett und führe dabei 50 Brustbeinschläge durch.

Entscheide dich!

- **Ziele:** Verbesserung der aeroben Ausdauerleistungsfähigkeit
- **Klassenstufe:** 5–10
- **Anspruch:** gering
- **Becken:** Schwimmerbecken
- **Dauer:** ca. 10 Minuten
- **Material:** Quizfragen-Karten (siehe Kopiervorlage S. 61)

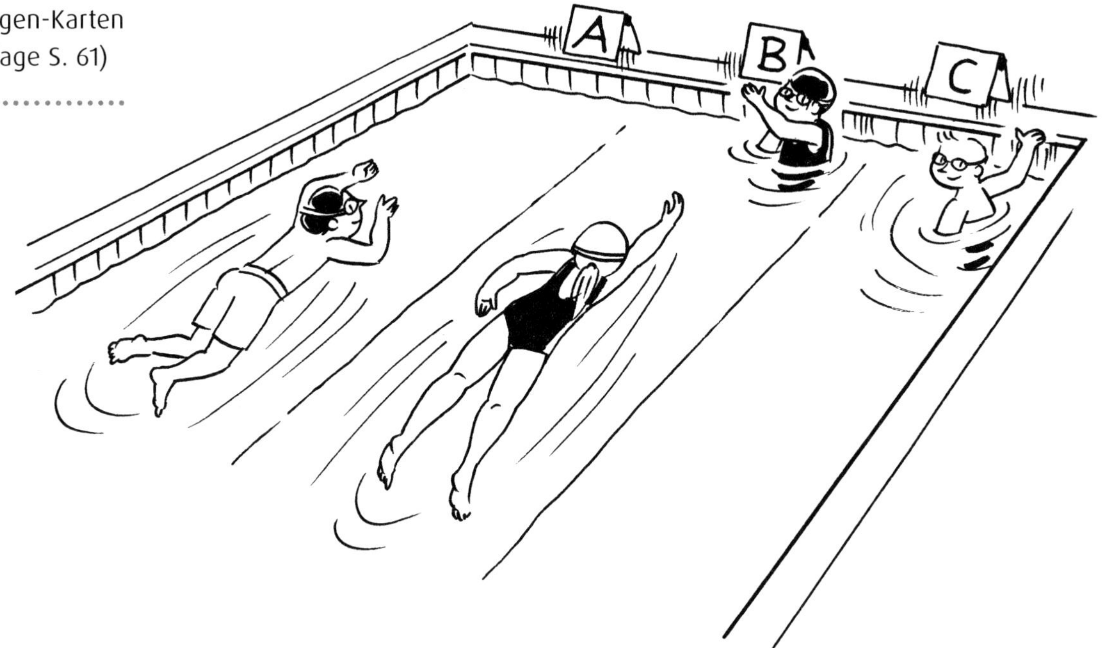

Spielidee

Mit dieser Spielidee wird das Becken zur Quizarena. Sie nennen eine Quizfrage und geben drei Antwortalternativen. Nachdem die Schüler*innen 50 Meter im Schwimmerbecken geschwommen sind, müssen sie sich entscheiden. Wenn sie der Meinung sind, dass die erste Alternative richtig ist, dann müssen sie sich auf Bahn 1 positionieren. Wenn die Alternative zwei ihrer Meinung nach richtig ist, dann gehen sie auf Bahn 2 und für die dritte Alternative auf Bahn 3. Wer sich richtig positioniert hat, der bekommt einen Punkt. Wer nach zehn Durchgängen die meisten Punkte erzielt, gewinnt das Spiel.

Variation

Sie können auch weniger Durchgänge machen und dafür die Schwimmstrecke verlängern.

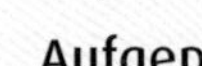

Tipp:
Erweitern Sie Ihr Quiz mit eigenen Fragen, die z. B. Wissensfragen zu Ihrer Schule oder Ihrer Region beinhalten.

Aufgepasst!
Das Anspruchsniveau der Fragen sollte an Ihre Lerngruppe angepasst sein.

Kopiervorlage

Entscheide dich!

Frage[2]	A	B	C
Welches Tier kann schwimmen?	**Biene**	**Elefant**	**Schimpanse**
Wie viel Prozent der Erdoberfläche sind in etwa mit Wasser bedeckt?	**40 %**	**55 %**	**70 %**
Welche Nation hat bisher die meisten Weltrekorde im Schwimmen erzielt?	**USA**	**Deutschland**	**Niederlande**
Welche Schwimmtechnik ist die schnellste?	**Brust**	**Kraul**	**Delfin**
Seit wann ist „Schwimmen" eine Disziplin bei den Olympischen Spielen der Neuzeit?	**1896**	**1918**	**1948**
Welche Wassertemperatur haben die Schwimmbecken bei Olympischen Spielen in der Regel?	**22–25°C**	**25–28°C**	**28–31°C**
Welches Element ist neben Wasserstoff im Wassermolekül enthalten?	**Stickstoff**	**Kohlenstoffdioxid**	**Sauerstoff**
Wie viel Liter Wasser enthält der Körper eines erwachsenen Menschen?	**rund 10 Liter**	**rund 25 Liter**	**rund 40 Liter**
Was ist ein anderer Name für das „Delfinschwimmen"?	**Schmetterlingsschwimmen**	**Kraulschwimmen**	**Flatterschwimmen**
Wie viel Liter Wasser nutzen wir durchschnittlich am Tag im Haushalt (Waschen, Putzen, Toilettenspülung)?	**33 Liter**	**55 Liter**	**99 Liter**

[2] vgl. https://www.geo.de/geolino/quiz-ecke/14260-quiz-quiz-wasser; https://olympics.com/de/sportarten/schwimmen/#discipline-history-of

Schwimm deine Handynummer!

- ✓ **Ziele:** Verbesserung der aeroben Ausdauerleistungsfähigkeit unter Berücksichtigung einer leistungsentsprechenden Differenzierung
- ✓ **Klassenstufe:** 6–10
- ✓ **Anspruch:** mittel
- ✓ **Becken:** Schwimmerbecken
- ✓ **Dauer:** ca. 15 Minuten
- ✓ **Material:** laminierte Aufgabenkarten (siehe Kopiervorlage S. 63)

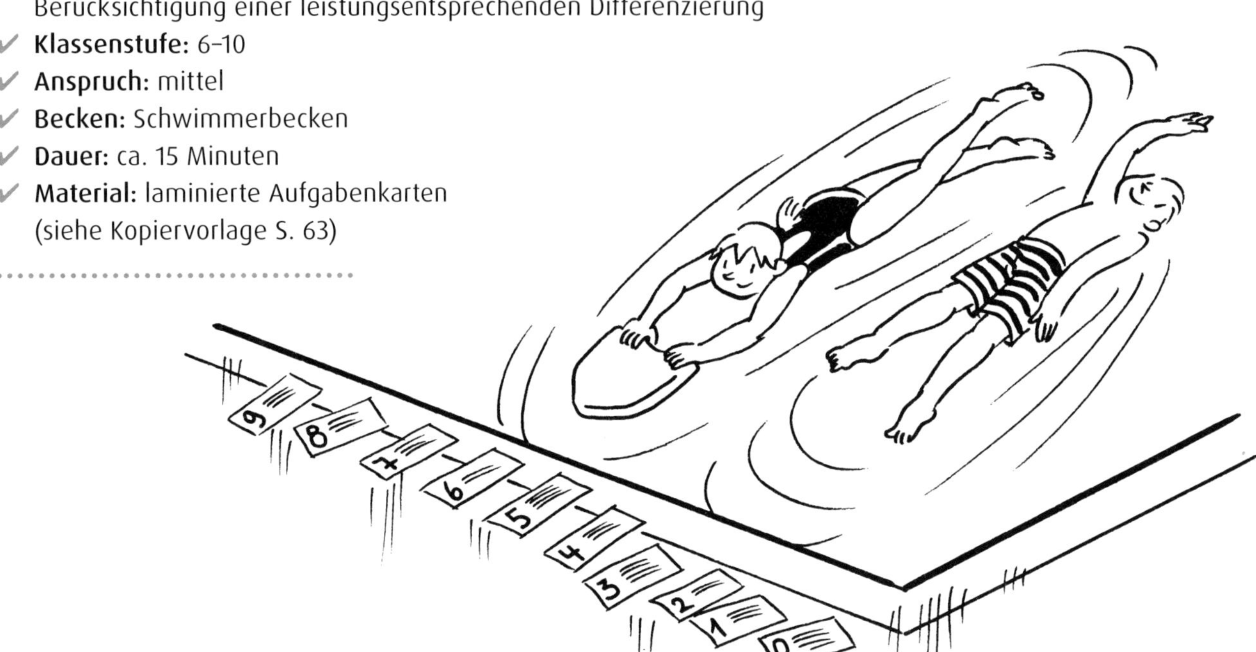

Spielidee

Das Smartphone ist für viele ältere Schüler*innen ein Statussymbol, mit dem sie sich identifizieren. Bei diesem Spiel wird die eigene Handynummer in den Unterricht mit eingebunden. Eine hohe Motivation ist garantiert! Nutzen Sie die Vorlage (siehe Kopiervorlage S. 63) oder sammeln Sie für die Ziffern 0 bis 9 jeweils drei verschiedene Schwimmaufgaben und laminieren Sie diese. Die laminierten Karten liegen dann am Beckenrand des Schwimmerbeckens. Aufgabe der Schüler*innen ist es, die eigene Handynummer „abzuschwimmen". Die Schüler*innen fangen also mit der ersten Ziffer ihrer Handynummer an, suchen eine der drei Aufgaben, entsprechend ihrem Leistungsstand, aus und führen diese aus. Nach dem Anschlag schauen sie, welche Aufgabe für die zweite Ziffer der Handynummer zu erfüllen ist usw. Wer kein Smartphone besitzt, darf stattdessen eine ihm*ihr bekannte Nummer auswählen oder eine Nummer erfinden.

Variation

Sie können einen Aufgabenschwerpunkt wählen, beispielsweise dass alle Aufgaben nur mit Beinschlägen geschwommen werden dürfen.

Tipp:

Die Ziffern 0 und 1 kommen bei allen Schüler*innen am Anfang der Handynummer. Für diese Ziffern sollten Sie mehrere laminierte Karten parat halten.

Aufgepasst!

Passen Sie die Aufgaben an den Leistungsstand der Schüler*innen an. Dann ist das Spiel in jeder Klasse durchführbar.

Kopiervorlage

Schwimm deine Handynummer!

0	☆	2 Bahnen Brust-Arme mit Kraul-Beinen
	☆ ☆	2 Bahnen Brustschwimmen
	☆ ☆ ☆	2 Bahnen Rückengleichzug
1	☆	4 Bahnen Kraul
	☆ ☆	2 Bahnen Kraul-Beine
	☆ ☆ ☆	4 Bahnen Brust
2	☆	2 Bahnen freie Wahl
	☆ ☆	2 Bahnen Rücken
	☆ ☆ ☆	4 Bahnen Kraul mit einer Rolle in der Mitte der Bahn
3	☆	2 Bahnen nur Beinschlag
	☆ ☆	4 Bahnen Kraul-Arme mit Brust-Beinen
	☆ ☆ ☆	2 Bahnen „Hundeschwimmen"
4	☆	4 Bahnen Kraul und Brust im Wechsel
	☆ ☆	2 Bahnen Rücken und Brust im Wechsel
	☆ ☆ ☆	4 Bahnen Rücken und Kraul im Wechsel
5	☆	2 Bahnen Brust-Beine
	☆ ☆	2 Bahnen Rücken-Beine
	☆ ☆ ☆	4 Bahnen Kraul-Beine
6	☆	2 Bahnen Brust
	☆ ☆	4 Bahnen Rücken, Brust, Kraul, Beine
	☆ ☆ ☆	2 Bahnen auf der Seite schwimmen
7	☆	2 Bahnen nur Arme
	☆ ☆	4 Bahnen Brust
	☆ ☆ ☆	2 Bahnen wie ein Delfin schwimmen
8	☆	2 Bahnen Rücken-Arme und Brust-Beine
	☆ ☆	4 Bahnen Brust
	☆ ☆ ☆	2 Bahnen Rücken
9	☆	2 Bahnen Brust-Beine
	☆ ☆	4 Bahnen Kraul und Rücken im Wechsel
	☆ ☆ ☆	2 Bahnen Lieblingslage

Verfolgungsjagd

- ✔ **Ziele:** Verbesserung der aeroben Ausdauerleistungsfähigkeit
- ✔ **Klassenstufe:** 8–10
- ✔ **Anspruch:** hoch
- ✔ **Becken:** Nichtschwimmerbecken
- ✔ **Dauer:** ca. 10 Minuten
- ✔ **Material:** Es wird kein Material benötigt.

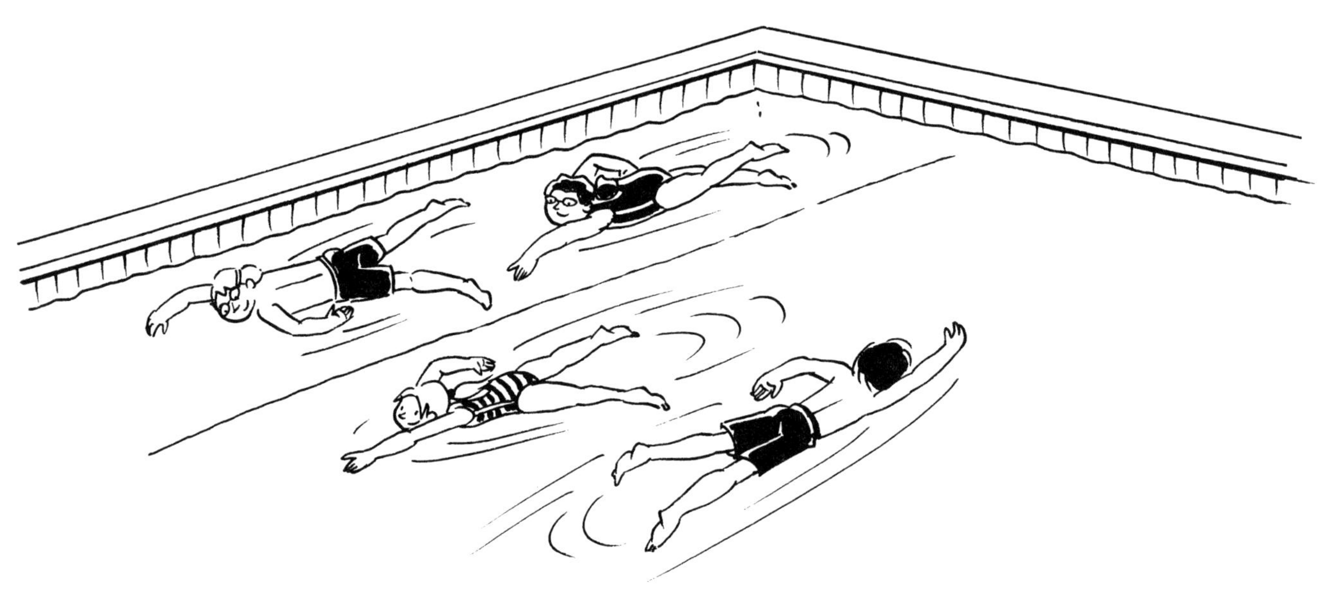

Spielidee

Dieses Ausdauertraining findet in einem Nichtschwimmerbecken statt. Es werden 2er-Teams gebildet, deren Teammitglieder gegeneinander in den Wettkampf treten. Ein Teammitglied befindet sich auf der einen Seite des Beckens, das andere Teammitglied auf der anderen Seite. Auf ein Startsignal schwimmen alle 2er-Teams los. Alle Schüler*innen schwimmen rechts auf der Bahn (wie auf der Straße), damit es keine Zusammenstöße gibt. Gewonnen hat, wer zuerst sein Teammitglied einholen kann.

Variation

Wechseln Sie die Schwimmlagen und die Partner*innen immer wieder durch.

Tipp:
Definieren Sie für die Schüler*innen: Ein Teammitglied zählt als eingeholt, wenn es vom anderen Teammitglied an den Füßen berührt wurde.

Aufgepasst!
Machen Sie jedem 2er-Team deutlich, welcher Bereich des Nichtschwimmerbeckens zur Verfügung steht, damit es nicht zu Zusammenstößen zwischen Schüler*innen kommt.

Schnelligkeit – auf den Punkt gebracht!

So geht's:

- Vor einer Schnelligkeitsbelastung müssen sich die Schüler*innen gut aufwärmen. Am effektivsten ist ein vielseitiges und ausreichend langes Einschwimmen.
- Ein wirksames Schnelligkeitstraining sollte mit 100% Intensität über eine recht kurze Zeitdauer (ca. 7 Sekunden) durchgeführt werden.
- Die Pause zwischen den Sprints muss ausreichend für eine gute Erholung sein. Eine aktive Pause (langsames Tempo ohne Anstrengung) beschleunigt die Regeneration.

Das ist wichtig:

- Da sich ein Schnelligkeitstraining mit hoher Intensität (möglichst 100 %) als besonders wirksam gezeigt hat, ist ein gut erwärmter, aber noch nicht ermüdeter Zustand die ideale Voraussetzung für Schnelligkeitsreize. Aus diesem Grund sollte ein Training zur Verbesserung der Schnelligkeit zu Beginn des Hauptteils durchgeführt werden.

Gut zu wissen!

- Die Querbahn im Nichtschwimmerbecken (bei ausreichender Tiefe) ist ein geradezu idealer Rahmen für die Sprints zur Verbesserung der schwimmspezifischen Schnelligkeit. Schnelle Reaktion, schnellkräftiger Abdruck und eine kurze Belastungsdauer sind die entscheidenden Faktoren für den Erfolg und können auf der Querbahn optimal erreicht werden. Die üblichen Sprints über die Längsbahn des 25-Meter-Beckens haben auch ihre Berechtigung, wirken aber oft schon intensiver im Bereich der Schnelligkeitsausdauer.

... und so sieht es im Nichtschwimmerbecken aus:

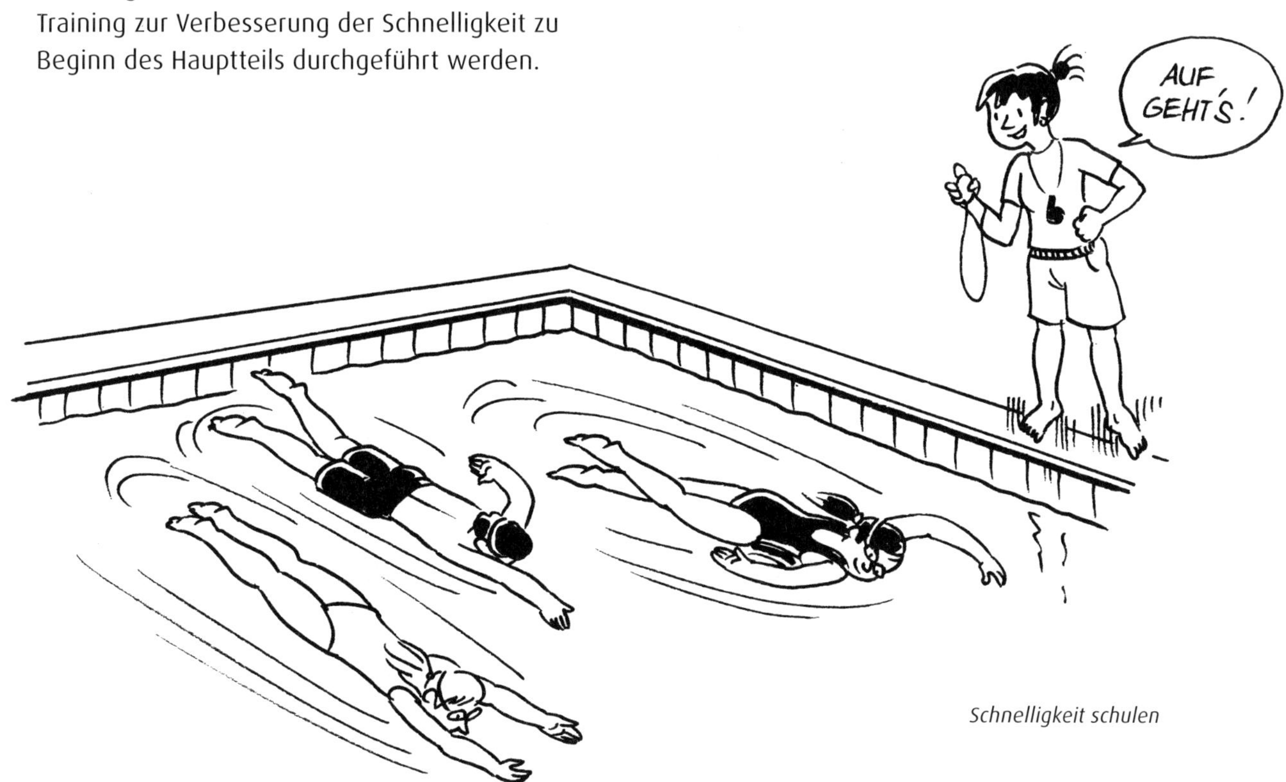

Schnelligkeit schulen

Beim Schnelligkeitstraining bietet die Querbahn ideale Voraussetzungen.

Wer baut am schnellsten?

- ✔ **Ziele:** Verbesserung der Schnelligkeit und Schnelligkeitsausdauer
- ✔ **Klassenstufe:** 3–5
- ✔ **Anspruch:** mittel
- ✔ **Becken:** Nichtschwimmerbecken
- ✔ **Dauer:** ca. 10 Minuten
- ✔ **Material:** pro Team einige farbige Bausteine und 1 Bauplatte

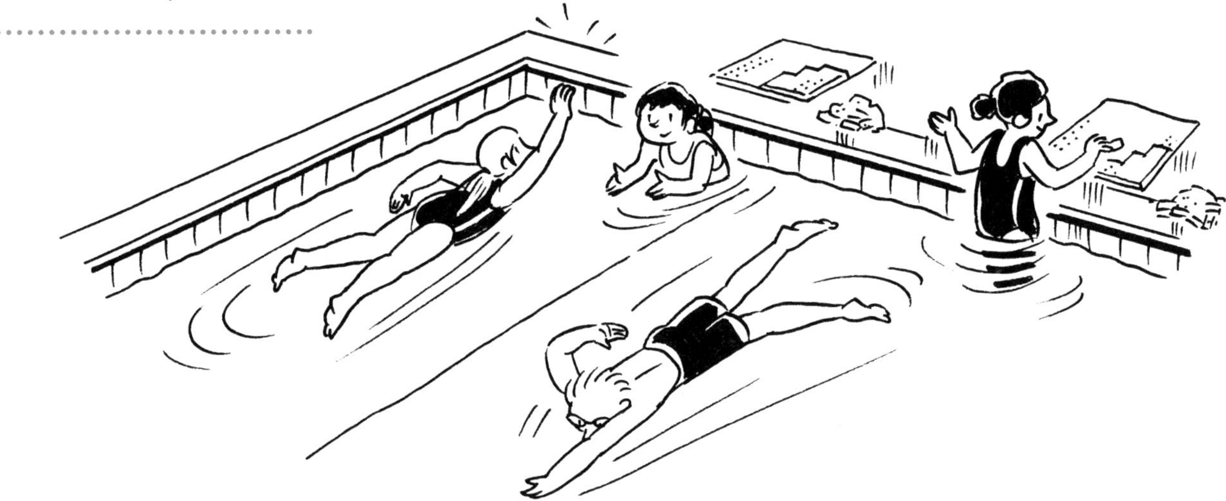

Spielidee

Bilden Sie 2er-Teams. Jedes Team erhält farbige Bausteine und eine Platte, auf der diese Steine befestigt werden können. Jedes Team erhält nur so viele Steine, wie es benötigt, um die Platte durch geschicktes Setzen der Steine komplett ausfüllen zu können. Ein Teammitglied sprintet zwei Bahnen in einem Nichtschwimmerbecken. Nachdem das Teammitglied angeschlagen hat, sprintet das andere Teammitglied los. In der Pause muss das erste Teammitglied einen Baustein auf der Platte befestigen. Nachdem das zweite Teammitglied angeschlagen hat, sprintet das erste Teammitglied wieder los und das zweite Teammitglied setzt in der Pause einen Baustein durch geschicktes Probieren. Welche Platte ist zuerst voll?

Variation

Sie können auch 3er-Teams bilden und nur eine Bahn schwimmen lassen. Dann kommt das Staffelprinzip der Pendelstaffel zum Einsatz. Alle Schüler*innen können somit nach jeder zweiten geschwommenen Bahn einen Baustein setzen.

Tipp:
Durch die Größe der Bausteine bzw. der Bauplatte können Sie selbst beeinflussen, wie lange das Spiel dauert.

Aufgepasst!
Damit das Spiel fair abläuft, sollte allen Teams die gleiche Anzahl an Bausteinen zur Verfügung gestellt werden.

Schwimmzeiten-Bingo

- **Ziele:** Verbesserung der Schnelligkeit
- **Klassenstufe:** 3–7
- **Anspruch:** mittel
- **Becken:** Schwimmerbecken
- **Dauer:** ca. 15 Minuten
- **Material:** 1 digitale Stoppuhr, Bingo-Spielplan (siehe Kopiervorlage S. 68)

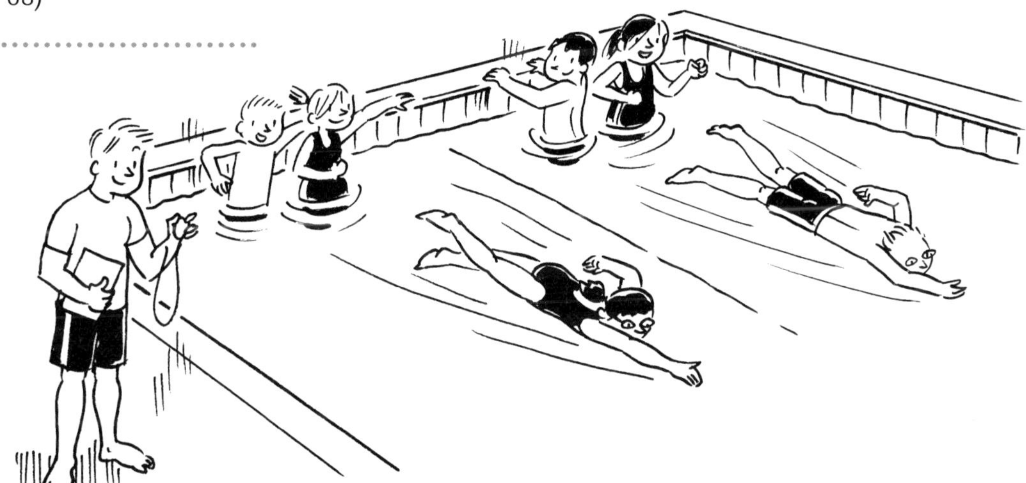

Spielidee

Bilden Sie mehrere 6er-Teams (je nach Gruppengröße sind 4er- oder 5er-Teams möglich), welche intern besprechen, in welcher Reihenfolge gesprintet wird. Im Anschluss an die Besprechung halten sich die Schüler*innen, die sich alle im Schwimmerbecken auf ihrer zugeteilten Bahn befinden, am Beckenrand fest. Nach Ihrem ersten Startkommando sprintet jeweils das erste Teammitglied los und versucht, den Sprint über eine Schwimmbahn zu gewinnen. Die anderen Schüler*innen schwimmen in mittlerem Tempo hinter den Sprinter*innen her, damit sie auch schwimmerisch aktiv sind. Sie stoppen die Zeit der siegreichen Bahn und schreiben dem Team die gestoppten Zahlen gut. Schwimmt das gestoppte Teammitglied auf der schnellsten Bahn z. B. eine Endzeit von 29,81 Sekunden, werden dem siegreichen Team diese Zahlen gestrichen (2 – 9 – 8 – 1) – wie beim Bingo (siehe Kopiervorlage S. 68). Das Team, das zuerst alle Zahlen von 0 bis 9 gestrichen hat, gewinnt das Schwimmzeiten-Bingo. Schüler*innen können erst dann einen zweiten Durchgang absolvieren, wenn bereits alle Schüler*innen des Teams an der Reihe waren.

Variation

Je nach Schwimmfähigkeiten der Schüler*innen kann das Spiel auch in der Kraul-, Rückenlage oder mit dem Schwimmbrett durchgeführt werden.

Tipp:
In der praktischen Umsetzung hat sich gezeigt, dass es viele Sprintdurchgänge braucht, bis ein Siegerteam feststeht. Trotzdem kann es im Ausnahmefall auch beendet sein, bevor alle Schüler*innen gesprintet sind. Wenn dies der Fall sein sollte, starten Sie sofort den Revanchedurchgang mit allen, die noch nicht gesprintet sind.

Aufgepasst!
Die Startreihenfolge muss innerhalb des Teams geheim bleiben und darf gegenüber den anderen Teams nicht ausgeplaudert werden, ansonsten könnten die Gegner*innen taktisch besetzt werden.

Kopiervorlage

Schwimmzeiten-Bingo

Team 1	Team 2	Team 3	Team 4	Team 5	Team 6
0	0	0	0	0	0
1	1	1	1	1	1
2	2	2	2	2	2
3	3	3	3	3	3
4	4	4	4	4	4
5	5	5	5	5	5
6	6	6	6	6	6
7	7	7	7	7	7
8	8	8	8	8	8
9	9	9	9	9	9

Vokale zählen

- ✔ **Ziele:** Verbesserung der Sprintfähigkeiten und Schulung der schnellen Informationsverarbeitung
- ✔ **Klassenstufe:** 3–8
- ✔ **Anspruch:** mittel
- ✔ **Becken:** Nichtschwimmerbecken oder Schwimmerbecken
- ✔ **Dauer:** ca. 15 Minuten
- ✔ **Material:** 6–10 laminierte Wörter-Karten (siehe Kopiervorlage S. 70/71)

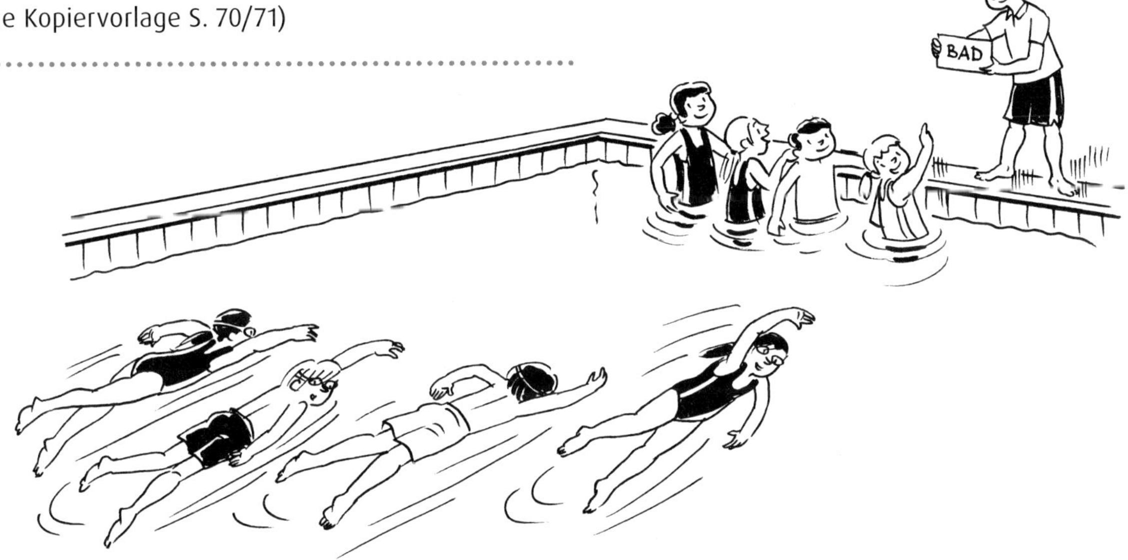

Spielidee

Bilden Sie für dieses Spiel 4er-Teams. Die Mitglieder jedes 4er-Teams starten gleichzeitig und sprinten eine Bahn zur anderen Beckenseite. Je nach Leistungsstand kann das Spiel in einem Nichtschwimmerbecken oder einem Schwimmerbecken absolviert werden. Am Ende der Bahn zeigen Sie den Schüler*innen eine Karte mit einem Wort (siehe Kopiervorlage S. 70/71). Die Schüler*innen müssen die Anzahl der Vokale (a, e, i, o, u) zählen. Die Person, die zuerst die richtige Antwort sagt, bekommt einen Punkt. Damit auch tatsächlich im Sprinttempo geschwommen wird, erhält auch die Person einen Punkt, die als erste anschlägt. Wer kann die meisten Punkte sammeln?

Variation

Je älter die Schüler*innen sind, desto längere Wörter können Sie auswählen.

Tipp:
Besprechen Sie mit den Schüler*innen vor Spielbeginn die Definition von Vokalen.

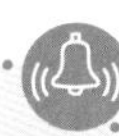

Aufgepasst!
Jede*r Schüler*in hat nur eine Antwortmöglichkeit, damit er*sie nicht durch Raten zufällig auf das richtige Ergebnis kommt.

Kopiervorlage

Vokale zählen (1/2)

BAD	1
SCHWIMMEN	2
FREUNDIN	3
WASSER	2
HANDTUCH	2
SEIFE	3
SPIELEN	3
COMPUTER	3

Kopiervorlage

Vokale zählen (2/2)

RADIO	3
MUSIK	2
SCHULE	2
LERNEN	2
INSTRUMENT	3
HAUSMEISTER	5
KINDER	2
HAUSHALT	3

Unterwegs auf der Autobahn

- ✔ **Ziele:** Verbesserung der Sprintfähigkeiten
- ✔ **Klassenstufe:** 3–10
- ✔ **Anspruch:** mittel
- ✔ **Becken:** Nichtschwimmerbecken
- ✔ **Dauer:** ca. 15 Minuten
- ✔ **Material:** 6 bis 10 laminierte Karten mit Autokennzeichen (siehe Kopiervorlage S. 73–75)

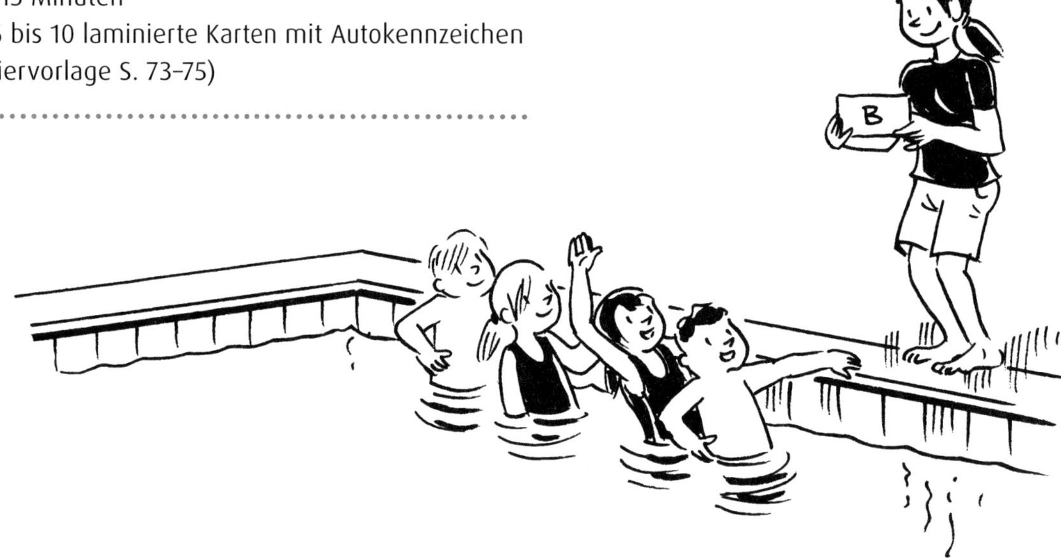

Spielidee

Bei vielen Reisen auf der Autobahn ist es für Kinder interessant, die Kennzeichen anderer Autos zu erraten. So steht „B" für Berlin oder „KA" für Karlsruhe. Bilden Sie 4er-Teams und lassen Sie jedes 4er-Team zusammen in einem Nichtschwimmerbecken eine Bahn sprinten. Wenn alle Schüler*innen am Ende der Bahn angekommen sind, zeigen Sie eine Karte mit einer Autokennzeichen-Abkürzung für eine Stadt (siehe Kopiervorlage S. 73/74). Wer die Stadt zuerst erraten kann, bekommt einen Punkt. Damit auch tatsächlich im Sprinttempo geschwommen wird, erhält darüber hinaus auch der*die Schüler*in einen Punkt, der*die zuerst anschlägt. Wer hat nach sechs Durchgängen die meisten Punkte?

Variation

In Abhängigkeit des Alters und des Leistungsstands der Gruppe kann es sinnvoll sein, wenn Sie sich auf die Autokennzeichen der Städte konzentrieren, die in Ihrer Umgebung zu finden sind. Erst wenn die Schüler*innen auch eine Chance haben, die Autokennzeichen zu erraten, macht das Spiel richtig Spaß. Nutzen Sie dafür die leere Kopiervorlage auf S. 75 und füllen Sie diese mit Autokennzeichen aus Ihrer Region aus.

Tipp:

Wenn Sie eigene Kennzeichen ergänzen, schreiben Sie groß und deutlich und warten Sie ab, sodass jede*r die Karte lesen kann.

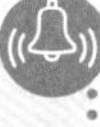

Aufgepasst!

Das nachfolgende 4er-Team startet erst, wenn das vorausgegangene Team eine halbe Bahn oder mehr absolviert hat.

Kopiervorlage

Unterwegs auf der Autobahn (1/3)

B	Berlin
HH	Hamburg
M	München
BAD	Baden-Baden
KA	Karlsruhe
A	Augsburg
K	Köln
F	Frankfurt

Kopiervorlage

Unterwegs auf der Autobahn (2/3)

DO	Dortmund
L	Leipzig
H	Hannover
FL	Flensburg
GÖ	Göttingen
EF	Erfurt
N	Nürnberg
DD	Dresden

Kopiervorlage

Unterwegs auf der Autobahn (3/3)

Wer kann das C-B-A am schnellsten?

- ✔ **Ziele:** Verbesserung der Sprintfähigkeit und Verarbeitung von Informationen unter Zeitdruck
- ✔ **Klassenstufe:** 5–10
- ✔ **Anspruch:** mittel
- ✔ **Becken:** Schwimmerbecken
- ✔ **Dauer:** ca. 15 Minuten
- ✔ **Material:** Es wird kein Material benötigt.

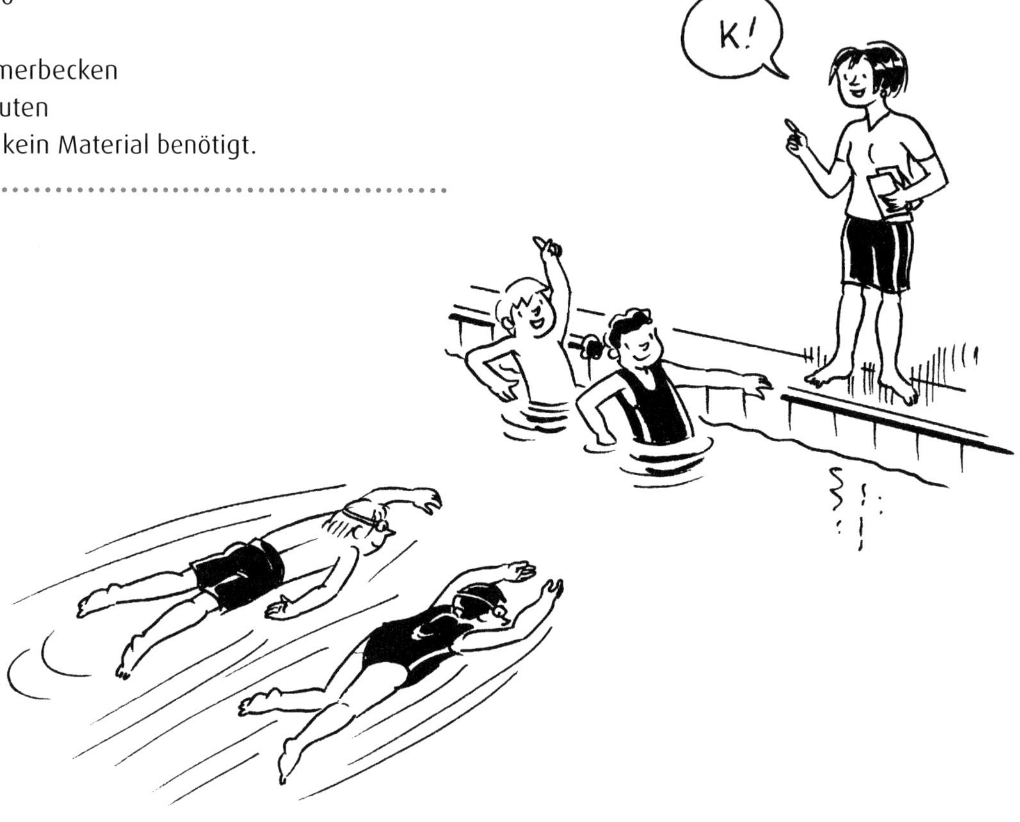

Spielidee

Die Schüler*innen finden sich zu zweit zusammen und sprinten jeweils eine Bahn im Schwimmerbecken. Sobald das erste 2er-Team eine halbe Bahn geschwommen hat, startet das zweite 2er-Team. Nach dem Anschlag des ersten Teams sagen Sie einen Buchstaben, beispielsweise „K". Die Schüler*innen, die am schnellsten den Buchstaben sagen können, der im Alphabet vor „K" kommt, also „J", bekommen einen Punkt. Damit auch tatsächlich im Sprinttempo geschwommen wird, erhält auch die Person einen Punkt, die als erste anschlägt. Wer hat nach acht Durchgängen die meisten Punkte?

Variation

Der Punkt geht an die Schüler*innen, die am schnellsten den übernächsten Buchstaben sagen können.

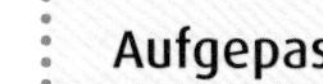

Tipp:
Lassen Sie nach jedem Durchgang neue 2er-Teams bilden.

Aufgepasst!
Sprechen Sie die Buchstaben laut und deutlich aus, damit faire Bedingungen herrschen.

Wortfindung

- **Ziele:** Verbesserung der Sprintfähigkeit und Verarbeitung von Informationen unter Zeitdruck
- **Klassenstufe:** 5–10
- **Anspruch:** mittel
- **Becken:** Schwimmerbecken
- **Dauer:** ca. 15 Minuten
- **Material:** Es wird kein Material benötigt.

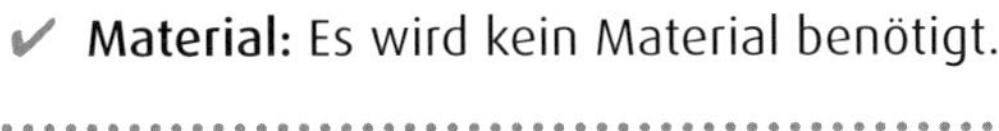

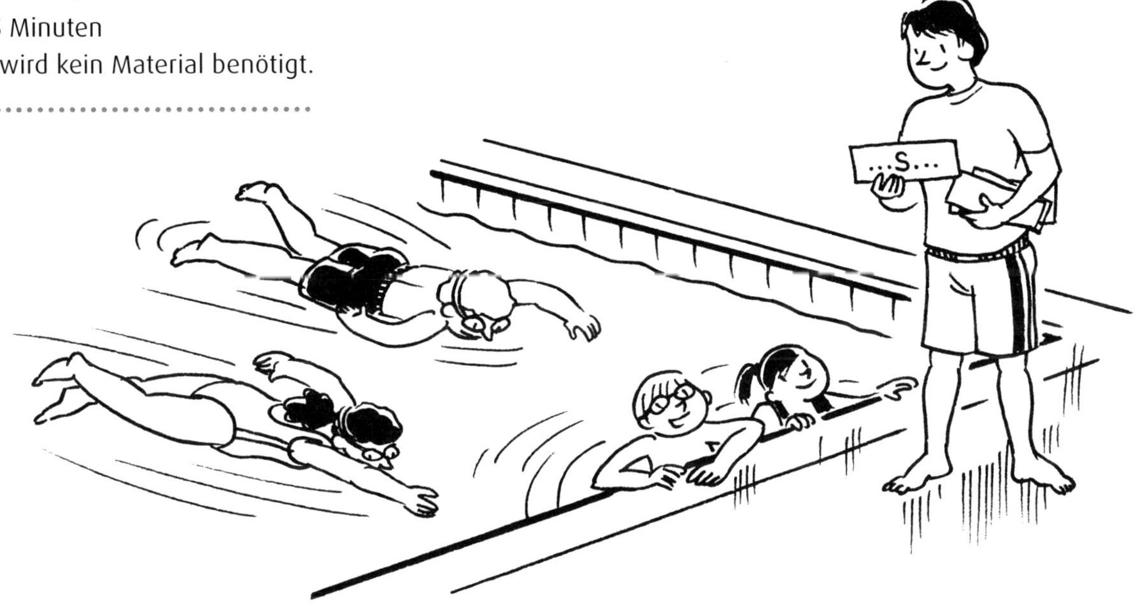

Spielidee

Bilden Sie 5er-Teams, die gemeinsam eine Bahn sprinten. Nach einer Bahn sammeln sich alle Schüler*innen zu einem engen Pulk in der Mitte des Beckenrands. Jetzt zeigen Sie eine Karte, auf der nur ein Buchstabe steht. Der Buchstabe steht jedoch deutlich entweder am Anfang der Karte, in der Mitte oder am Ende. Die Aufgabe besteht darin, ein Wort zu finden, das den Buchstaben auf der Karte entsprechend am Anfang, in der Mitte oder am Ende trägt. Damit auch tatsächlich im Sprinttempo geschwommen wird, erhält auch die Person einen Punkt, die als erste anschlägt. Wer kann die meisten Punkte sammeln?

Beispiel:

S ...	= z. B. Spiegel
... s ...	= z. B. Rasen
... s	= z. B. Los

Tipp:
Nehmen Sie Buchstaben, die in vielen Wörtern vorkommen.

Aufgepasst!
Wenn es im Becken keinen ausreichenden Platz für 5er-Teams gibt, dann reduzieren Sie auf 3er- oder 4er-Teams.

Variation

Geben Sie vor dem Startsignal bekannt, wo der Buchstabe stehen soll, und sagen Sie nach dem Anschlag nur noch einen Buchstaben. Das erleichtert das Spiel.

Kraft - auf den Punkt gebracht!

So geht's:

- Die Kraft wird in drei Erscheinungsformen aufgeteilt: Schnellkraft, Maximalkraft und Kraftausdauer. Jede Erscheinungsform wird unterschiedlich trainiert.
- Für die Schulung der spielerischen Kraftausdauer im Schwimmunterricht werden häufig Hilfsmittel, wie z. B. Schwimmbretter und Schwimmnudeln, eingesetzt.
- Bei der Schnellkraftschulung wird mit hoher Geschwindigkeit gegen einen Widerstand gearbeitet.

Das ist wichtig:

- Bei der spielerischen Kraftausdauerschulung sollte bedacht werden, dass abwechselnd Kraftimpulse für die Bein- oder Armmuskulatur gesetzt werden.
- In der Regel wird im Schwimmunterricht die schwimmspezifische Kraftausdauer geschult. Dabei sollte nicht die Höhe des Widerstands, sondern die Dauer einer Belastung im Mittelpunkt stehen und den limitierenden Faktor darstellen (lieber länger und nicht so intensiv).

Gut zu wissen!

- Die Schnellkraft ist sowohl beim Start als auch bei der Wende die entscheidende Fähigkeit. Da es – aus Sicht der Trainingslehre – eine enge Verbindung und keine klare Trennschärfe zwischen der Schnelligkeit und der Schnellkraft gibt, sind auch Schnelligkeitsspiele in der Regel gute Möglichkeiten, die schwimmspezifische Schnellkraft zu verbessern.

... und so sieht es im Schwimmerbecken aus:

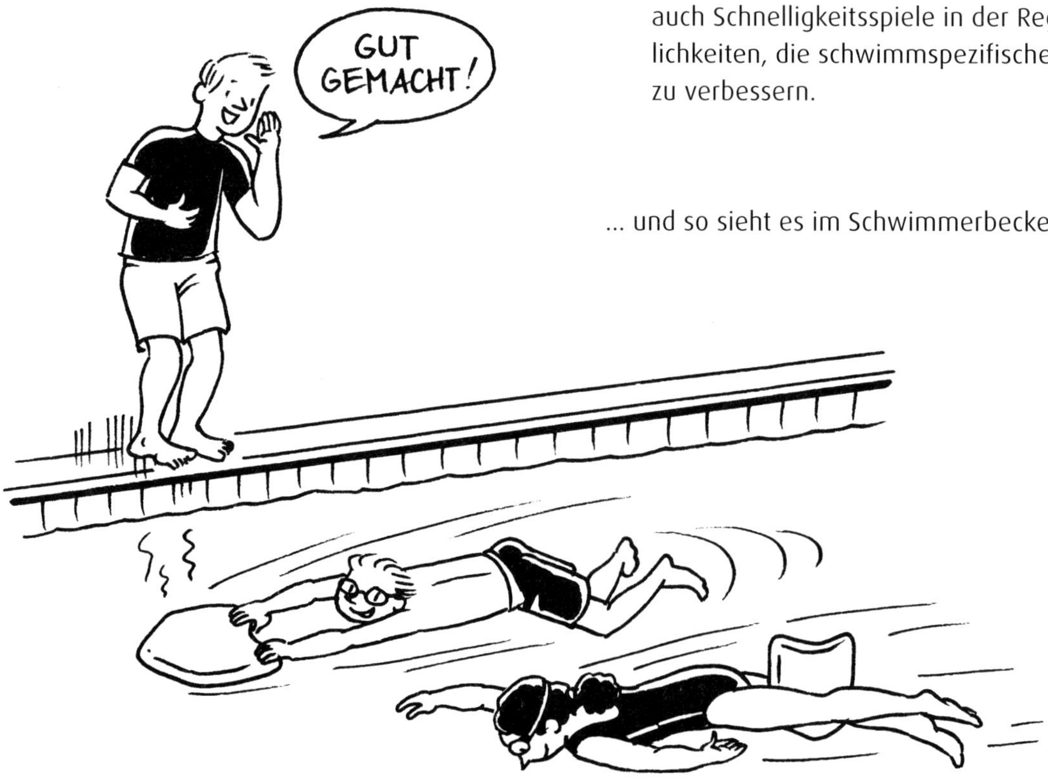

Kraft trainieren

Beim Kraftausdauertraining im Schwimmen sind oft Hilfsmittel im Einsatz.

Quadratisch, praktisch, Kraft

- ✔ Ziele: Verbesserung der Kraftausdauer der Beinmuskulatur mit unterschiedlichen Belastungsreizen
- ✔ Klassenstufe: 3-7
- ✔ Anspruch: mittel
- ✔ Becken: Nichtschwimmerbecken
- ✔ Dauer: ca. 10 Minuten
- ✔ Material: pro Schüler*in 1 Schwimmbrett, laminierte Aufgaben-Karten (siehe Kopiervorlage S. 80)

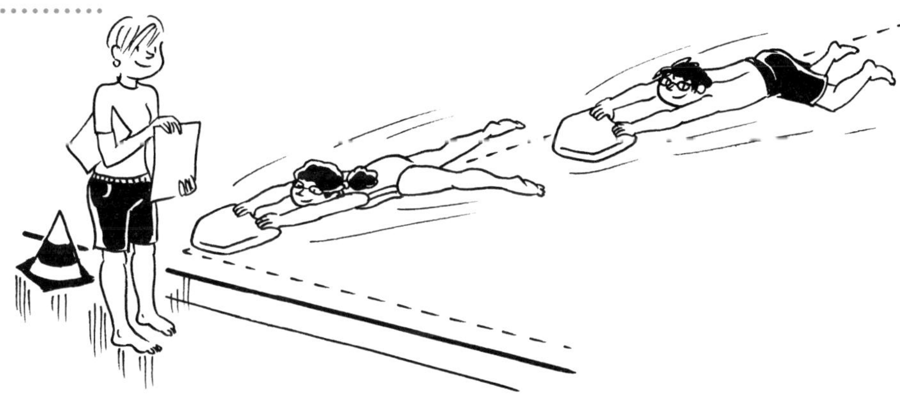

Spielidee

Um die Beinkraft der Schüler*innen zu stärken, wird bei dieser Spielidee im Nichtschwimmerbecken mit dem Schwimmbrett geübt. Die Schüler*innen ziehen vor dem Start einen Aufgabenkarten (siehe Kopiervorlage S. 80), der für die vier Seiten des zu schwimmenden Quadrats die jeweilige Aufgabe vorgibt. Steht auf dem gezogenen Zettel beispielsweise: „Kraulbeinschlag – Kraulbeinschlag – Brustbeinschlag – freie Auswahl", dann bedeutet dies für die Schüler*innen Folgendes: Auf der ersten und zweiten Bahn wird Kraulbeinschlag mit dem Schwimmbrett geschwommen, auf der dritten Bahn schwimmen alle Schüler*innen Brustbeinschlag mit dem Schwimmbrett und auf der vierten Bahn (freie Auswahl) dürfen die Schüler*innen selbst entscheiden, mit welchem Beinschlag sie das Quadrat zu Ende schwimmen. Nach jeder Schwimmrunde ziehen die Schüler*innen eine neue Aufgabe und schulen so mehrfach die spezifische Kraftausdauer der Beinmuskulatur.

Variation

Bei einer leistungsstarken Gruppe wird die Aufgabenstellung 2-mal geschwommen, bevor ein neuer Aufgabenzettel gezogen wird.

Tipp:
Um Wartezeiten bei den Schüler*innen zu vermeiden, zögern Sie nicht zu lange, bis die nächste Person losschwimmen darf. Ganz nach dem Motto: Alle in Bewegung!

Aufgepasst!
Es darf nur überholt werden, wenn ausreichend Platz dafür vorhanden ist und niemand durch den Überholvorgang bedrängt wird.

Kopiervorlage

Quadratisch, praktisch, Kraft

Brustbeinschlag Brustbeinschlag Brustbeinschlag Kraulbeinschlag	Brustbeinschlag Kraulbeinschlag Kraulbeinschlag Brustbeinschlag	Kraulbeinschlag Kraulbeinschlag Kraulbeinschlag Brustbeinschlag
Brustbeinschlag Brustbeinschlag Kraulbeinschlag Kraulbeinschlag	Kraulbeinschlag Brustbeinschlag Brustbeinschlag Kraulbeinschlag	Kraulbeinschlag Kraulbeinschlag Brustbeinschlag Freie Auswahl
Brustbeinschlag Kraulbeinschlag Freie Auswahl Kraulbeinschlag	Kraulbeinschlag Brustbeinschlag Kraulbeinschlag Freie Auswahl	Kraulbeinschlag Brustbeinschlag Freie Auswahl Freie Auswahl

Kraularme gegen Kraularme

- ✔ **Ziele:** Verbesserung der Kraftausdauer der Armmuskulatur und Schulung des Wassergefühls
- ✔ **Klassenstufe:** 3–10
- ✔ **Anspruch:** hoch
- ✔ **Becken:** Nichtschwimmerbecken
- ✔ **Dauer:** ca. 5 Minuten
- ✔ **Material:** pro Paar 1 Schwimmnudel

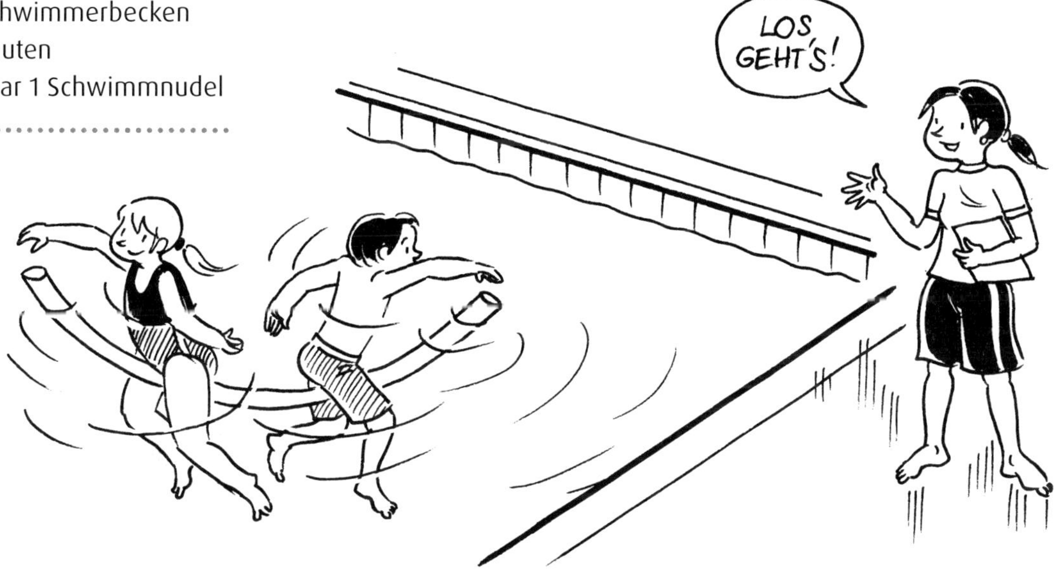

Spielidee

Das Spiel ist ein Teamwettkampf. Teilen Sie die Gruppe in zwei Mannschaften und bilden Sie danach 2er-Teams mit jeweils einem*einer Schüler*in aus jeder Mannschaft. Alle 2er-Teams begeben sich in die Mitte des Beckens und setzen sich dort – Rücken an Rücken – auf eine Schwimmnudel. Alle Teams starten auf einer imaginären Mittellinie nebeneinander. Nach Ihrem Startpfiff versuchen die Schüler*innen von Mannschaft A, in Richtung Beckenrand A, und die Schüler*innen von Mannschaft B, in Richtung Beckenrand B zu kraulen. Dabei sitzen die Schüler*innen auf der Schwimmnudel und nur die Arme dürfen mit einer Kraularmbewegung für Vortrieb sorgen. Pfeifen Sie nach 20 Sekunden zum zweiten Mal. Alle Armbewegungen werden sofort eingestellt. Zählen Sie nun, ob mehr Schwimmer*innen von der imaginären Mittellinie weg in Richtung Beckenrand A oder B geschwommen sind, und ermitteln Sie dadurch die Siegermannschaft. Führen Sie mehrere Wiederholungen der Spielform durch.

Variation

Damit das Ende des Spiels nicht voraussehbar ist, pfeifen Sie nicht immer nach 20 Sekunden, sondern zu verschiedenen Zeitpunkten (z. B. nach 10, 15 oder 25 Sekunden). Die Spielidee ist auch mit dem Brustarmzug durchführbar.

Tipp:

Nach jedem Durchgang wechseln die Schüler*innen ihre*n Partner*in. Damit ergeben sich unterschiedliche Belastungsreize und neue Siegchancen.

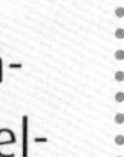

Aufgepasst!

Diese Spielidee wirkt sich positiv auf die Kraftfähigkeit aus. Da die Schüler*innen bei dieser Spielform jedoch die Technik des Kraulschwimmens nicht beachten können, sollte das Spiel nicht in einer Stunde angeboten werden, in der die Technik des Kraulschwimmens im Fokus ist.

Tic Tac Toe

- **Ziele:** Verbesserung der Kraftausdauer der Armmuskulatur sowie der Informationsverarbeitung unter Zeitdruck und Stärkung des Teamgedankens
- **Klassenstufe:** 5–10
- **Anspruch:** hoch
- **Becken:** Nichtschwimmerbecken
- **Dauer:** ca. 10 Minuten
- **Material:** Haushaltsgummis in 2 verschiedenen Farben, pro Team 1 laminiertes Spielfeld (siehe Kopiervorlage S. 83)

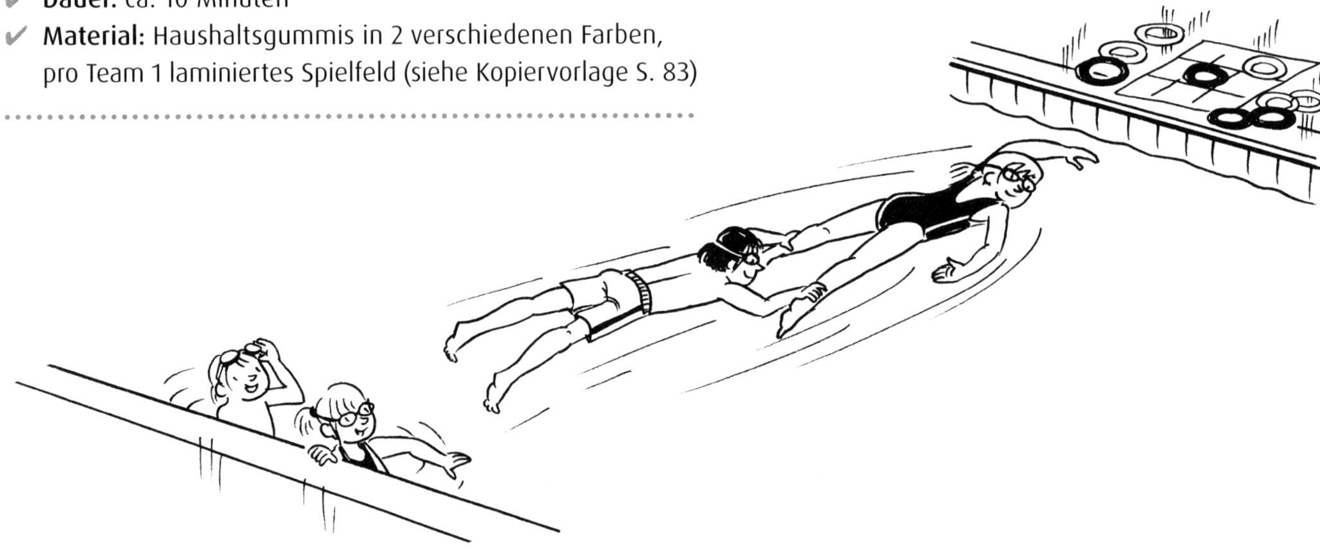

Spielidee

Teilen Sie die Gruppe in 4er-Teams ein und vergeben Sie je eine Farbe (entsprechend den Haushaltsgummis). Immer zwei Teams spielen gegeneinander. Je zwei Schüler*innen eines Teams schwimmen zwei Bahnen im Nichtschwimmerbecken, während die anderen beiden Schüler*innen eines Teams Pause haben. Nach zwei Bahnen wird gewechselt. Geschwommen wird so, dass das vordere Teammitglied Kraularme schwimmt, während sich das andere Teammitglied an den Füßen des vorderen Teammitglieds festhält. Das vordere Teammitglied zieht mit seinen Kraularmzugbewegungen das hintere Teammitglied mit. Am Ende der Bahn legt jedes 2er-Team einen Haushaltsgummi in seiner Farbe in ein beliebiges Tic-Tac-Toe-Spielfeld des Blattes mit 3 x 3 Feldern (siehe Kopiervorlage S. 83). Es gewinnt das 4er-Team, das zuerst drei Haushaltsgummis waagerecht, senkrecht oder diagonal platzieren kann. Auf dem Rückweg werden die Positionen getauscht.

Variation

Wählen Sie ein Spielfeld mit 4 x 4 Feldern, um das Spiel zu verlängern.

Tipp:
Legen Sie vor Spielbeginn fest, ob das hintere Teammitglied Beinbewegungen durchführen darf.

Aufgepasst!
Achten Sie darauf, dass keine Haushaltsgummis in die Überlaufrinne des Beckens gelangen.

Kopiervorlage

Tic Tac Toe

Buchstaben-Zwillinge

- ✔ **Ziele:** Verbesserung der Kraftausdauer der Beinmuskulatur und Schulung der schnellen kognitiven Verarbeitung eines akustischen Reizes
- ✔ **Klassenstufe:** 5–10
- ✔ **Anspruch:** mittel
- ✔ **Becken:** Schwimmerbecken
- ✔ **Dauer:** ca. 10 Minuten
- ✔ **Material:** pro Team 1 Schwimmbrett und 1 Schwimmnudel

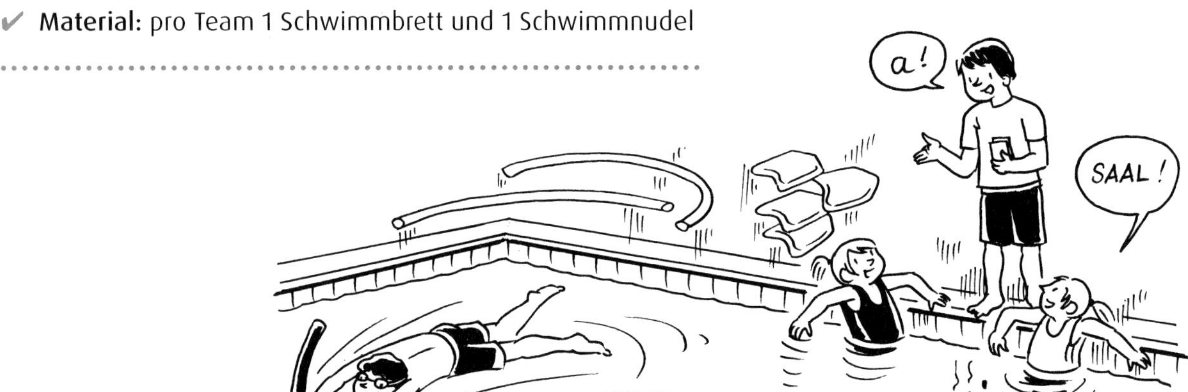

Spielidee

Immer zwei Schüler*innen schwimmen gemeinsam eine Bahn. Wenn beide Schüler*innen bei Ihnen am Bahnende angekommen sind, nennen Sie einen Buchstaben. Die Schüler*innen überlegen möglichst schnell, ob ihnen ein Wort mit einem Buchstaben-Zwilling einfällt (z. B. e = Meer; o = Moos; s = Klasse; t = Klettern; m = Kamm). Wer schneller eine richtige Antwort nennt, darf bei der Kraftausdauerschulung für die Beinmuskulatur wählen, welche Aufgabe er schwimmt. Zur Auswahl stehen zwei Bahnen Beinschlag mit dem Schwimmbrett oder der Schwimmnudel. Der*die Verlierer*in nimmt das andere Schwimmgerät. Danach wird wieder eine Bahn mit dem*der Partner*in geschwommen und wieder wird nach dem Buchstaben-Zwilling gerätselt. Insgesamt werden je nach Belastbarkeit der Schüler*innen drei bis fünf Durchgänge geschwommen.

Variation

Zur Abwechslung können Sie auch ein Wort mit einem Buchstaben-Zwilling nennen und die Schüler*innen müssen schnellstmöglich den Zwillings-Buchstaben nennen. Es ist auch ein regelmäßiger Partnerwechsel nach jedem Durchgang möglich.

Tipp:
Achten Sie darauf, dass die Schwimmbretter und -nudeln immer an den Ausgangsort zurückgelegt werden, damit nach dem Rätseln sofort geschwommen werden kann.

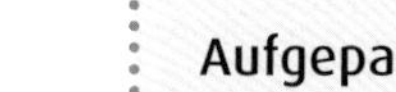

Aufgepasst!
Sollten zwei Bahnen Beinschlag für die Zielgruppe zu anstrengend sein, dann wird nur eine Bahn geschwommen und das Schwimmbrett und die Schwimmnudel zum Ausgangsort zurückgebracht.

Rettung in Sicht!

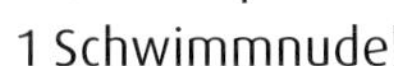

- ✔ **Ziele:** Einführung in das Rettungsschwimmen sowie Verbesserung der Kraftausdauer der Beinmuskulatur
- ✔ **Klassenstufe:** 5–10
- ✔ **Anspruch:** hoch
- ✔ **Becken:** Schwimmerbecken
- ✔ **Dauer:** ca. 10 Minuten
- ✔ **Material:** pro Staffelteam 1 Schwimmnudel

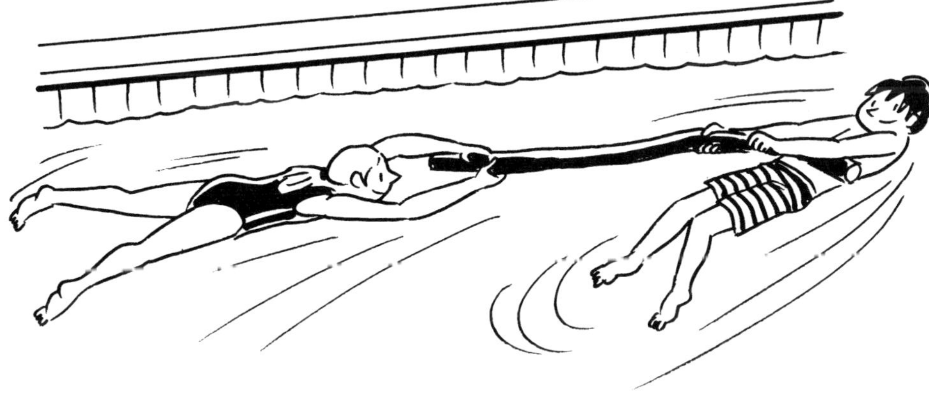

Spielidee

Mit diesem Spiel wird eine erste Technik des Rettungsschwimmens geübt. Bilden Sie mehrere Staffelteams. Sowohl der Start als auch der Wechsel und die Übergabe der Schwimmnudel finden immer im Wasser statt – es gibt keine Startsprünge! Die Staffelaufgabe lautet so: „Schwimmt zu zweit los. Das vordere Teammitglied befindet sich in der Rückenlage, hat das eine Ende der Schwimmnudel in den Händen und macht einen Brustbeinschlag in der Rückenlage. Das andere Teammitglied befindet sich am anderen Ende der Schwimmnudel in der Bauchlage, hat das andere Ende der Schwimmnudel in den Händen und macht dabei einen Kraulbeinschlag." Nach einer Bahn wird die Schwimmnudel an das nächste Paar derselben Mannschaft gegeben. Die Staffel wird als Pendelstaffel durchgeführt. Starten Sie direkt in einen Revanchedurchgang. Die beiden Partner*innen entscheiden auch im zweiten Durchgang selbst über ihre Position. Die schnellste Staffelmannschaft gewinnt!

Variation

Bei älteren und geübten Schüler*innen kann die Staffelidee auch mit zwei Schwimmnudeln durchgeführt werden. Dabei hat das vordere Teammitglied in der Rückenlage jeweils eine Schwimmnudel unter dem Arm und das hintere Teammitglied hält jede Schwimmnudel mit jeweils einer Hand fest.

Tipp:
Diese vom Rettungsschwimmen abgeleitete Übungsform sollte vor der Wettkampfstaffel geübt werden, um die richtige Bewegungsausführung kennenzulernen.

Aufgepasst!
Da sich nicht alle Schüler*innen in der Rückenlage wohlfühlen und das Schwimmen auf dem Rücken beherrschen, darf die Staffelmannschaft die Paare selbst zusammenstellen und über die Position an der Schwimmnudel entscheiden.

Wassergefühl und Koordination – auf den Punkt gebracht!

So geht's

- Die Schulungen des Wassergefühls und der koordinativen Fähigkeiten sollten in einem noch nicht ermüdeten Zustand, also zu Beginn der Stunde, stattfinden, damit eine optimale Bewegungsqualität möglich ist und die richtige Bewegungsausführung eingeübt werden kann.
- Schon im Einschwimmen können Übungen, die das Wassergefühl schulen, eingebaut werden. Dies ist für die Schwimmer*innen nicht nur abwechslungsreicher, sondern auch interessanter.

Das ist wichtig

- Die angebotenen Übungen müssen passend zur Leistungsfähigkeit der Zielgruppe ausgewählt werden. Während für ungeübte Schwimmer*innen die Arm- und Beinkoordination mit der Ausatmung ins Wasser beim Brustschwimmen schon anspruchsvoll ist, können geübte Schwimmer*innen sehr viel intensiver koordinativ gefordert werden.
- Unterschiedliche Arm- und Beinkombinationen (z. B. Brust-Armzug und Kraul-Beinschlag) oder synchrones Schwimmen mit einem Teammitglied sind gute Ideen, um fortgeschrittene Schwimmer*innen koordinativ herauszufordern und zu fördern.

Gut zu wissen!

- Beim Wassergefühl ist es wie bei anderen Fähigkeiten auch: Wer häufiger ins Wasser geht und den Bewegungsablauf im Wasser zur Verbesserung des Vortriebs schult, der wird automatisch ein besseres Gefühl im Umgang mit dem Wasser bekommen. Der differenzierte Umgang mit dem Medium Wasser ist besonders mit dem Ziel verbunden, sich möglichst vortriebswirksam am Wasser „abdrücken" zu können.
- Durch den Einsatz bestimmter Spiel- und Übungsformen (siehe folgende Spielideen in diesem Buch) kann diese Entwicklung beschleunigt werden.

... und so sieht es im Schwimmerbecken aus:

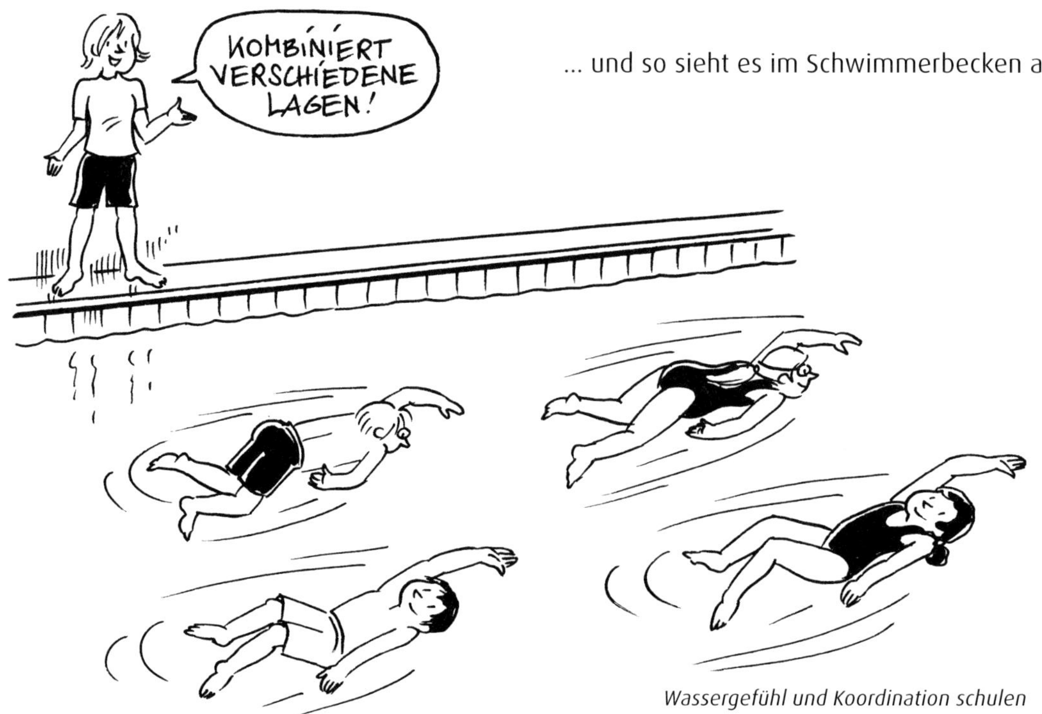

Wassergefühl und Koordination schulen

Die Verbesserung des Wassergefühls wird mit variantenreichen Spielideen geschult.

Kraulquappe und Co. (1/2)

- **Ziele:** Überprüfung der Wasservertrautheit und des Wassergefühls mit unterschiedlichen Übungsformen
- **Klassenstufe:** 3–4
- **Anspruch:** mittel
- **Becken:** Nichtschwimmerbecken
- **Dauer:** ca. 15 Minuten
- **Material:** pro Schüler*in 1 Schwimmbrett, Urkunden (siehe Kopiervorlage S. 89)

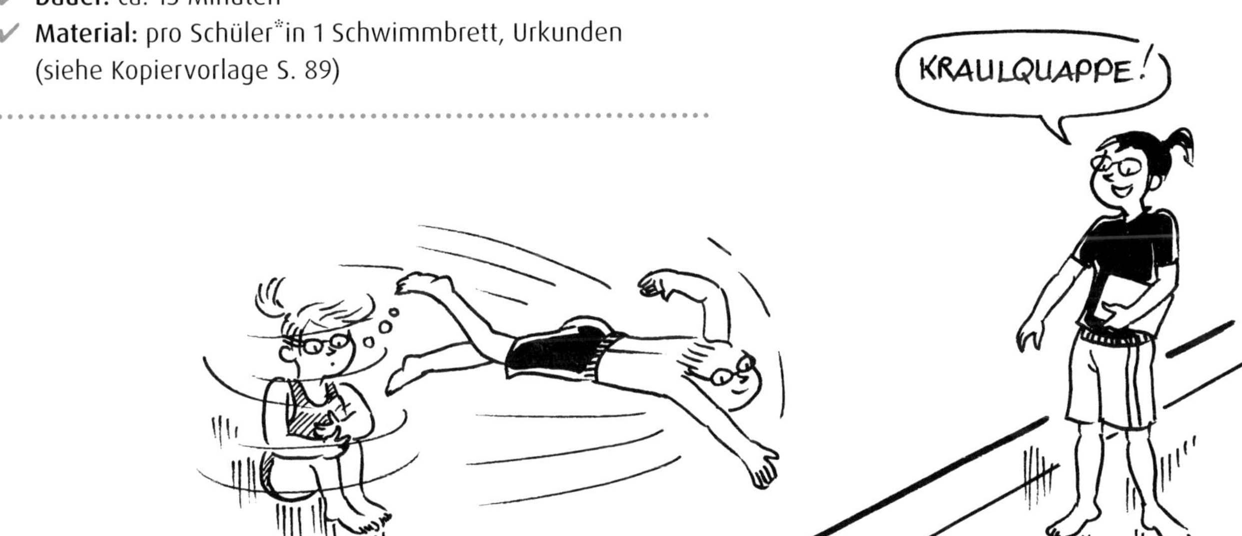

Spielidee

Um die Wasservertrautheit Ihrer Schüler*innen zu überprüfen, bieten Sie fünf verschiedene Übungen an, die verschiedene Bereiche der schwimmspezifischen Fähigkeiten und Fertigkeiten kontrollieren. Bereiten Sie für alle Schüler*innen eine Urkunde vor (siehe Kopiervorlage S. 89) und kreuzen Sie dort die beherrschten Übungen an. Folgende „tierische Schwimmaufgaben" sollen erfüllt werden:

→ **Schwimmente**
Die Schwimmente hat den Kopf über Wasser und die Beine im Wasser.

Aufgabe: Kannst du dich auf ein Schwimmbrett setzen und dich sitzend kreuz und quer durch das Nichtschwimmerbecken bewegen?

→ **Goldfisch**
Der Goldfisch schwimmt ganz ruhig unter der Wasseroberfläche.

Aufgabe: Kannst du unter der Wasseroberfläche eine kurze Strecke tauchen?

→ **Hai**
Der Hai schießt blitzschnell durch das Wasser.

Aufgabe: Kannst du dich vom Beckenrand abstoßen und ein paar Meter gleiten?

Kraulquappe und Co. (2/2)

→ **Muschel**
Muscheln leben im Meeresgrund.

Aufgabe: Kannst du dich auf den Boden des Nichtschwimmerbeckens setzen?

→ **Kraulquappe**
Die Kraulquappe bewegt sich noch etwas ungeübt kraulend durch das Wasser.

Aufgabe: Kannst du mit (einer Grobform) der Kraulbewegung durch das Nichtschwimmerbecken schwimmen?

Variationen

Eine schöne Ergänzung aus der Wassergewöhnung ist die **Wasserratte**.

Aufgabe: Kannst du kreuz und quer (und mit Tempo) durch das Nichtschwimmerbecken laufen und mit den Armen auf die Wasseroberfläche schlagen?

Eine weitere Variation für geübtere Schüler*innen ist der **Seestern**.

Aufgabe: Kannst du dich wie ein Seestern auf das Wasser legen und dich möglichst nicht oder nur wenig bewegen?

Tipp:

Üben Sie die „tierischen Schwimmaufgaben" in den Schwimmstunden zuvor, damit die Schüler*innen nicht vor unbekannte Aufgaben gestellt werden und bereits eine Bewegungsvorstellung entwickeln können.

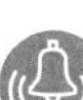

Aufgepasst!

Die Kontrollübungen sollten im Nichtschwimmerbecken gemacht werden, damit die Schüler*innen – in einem unsicheren Moment – schnell die Sicherheit des Beckenbodens spüren. Behalten Sie die Schüler*innen, die die „Muschel"- und „Goldfisch"-Aufgaben erfüllen, stark im Auge, wenn sie unter Wasser sind.

Kopiervorlage

Urkunde

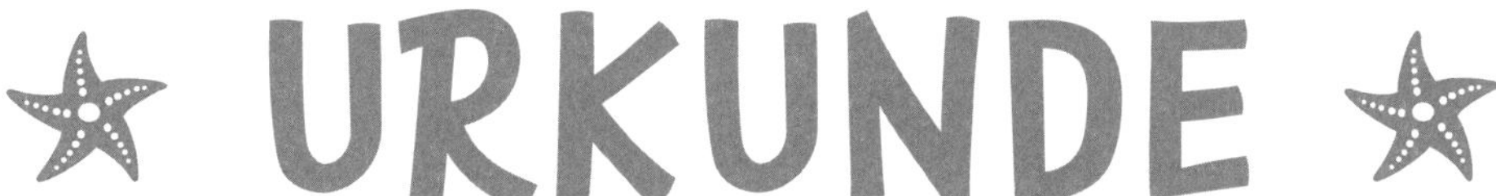

....

hat folgende Schwimmübungen
mit Erfolg durchgeführt:

- ❒ Schwimmente
- ❒ Goldfisch
- ❒ Hai
- ❒ Muschel
- ❒ Kraulquappe

....

(Datum/Unterschrift)

Achtung! Diese Urkunde gibt keine Rückmeldung über die Schwimmfähigkeit des Kindes!

Schwebend auf dem Wasser (1/2)

- ✔ **Ziele:** Verbesserung des Wassergefühls und Schulung der Differenzierungsfähigkeit sowie der Gleichgewichtsfähigkeit
- ✔ **Klassenstufe:** 3–4
- ✔ **Anspruch:** hoch
- ✔ **Becken:** Nichtschwimmerbecken
- ✔ **Dauer:** ca. 10 Minuten
- ✔ **Material:** 2 Schwimmbretter für die Lehrkraft

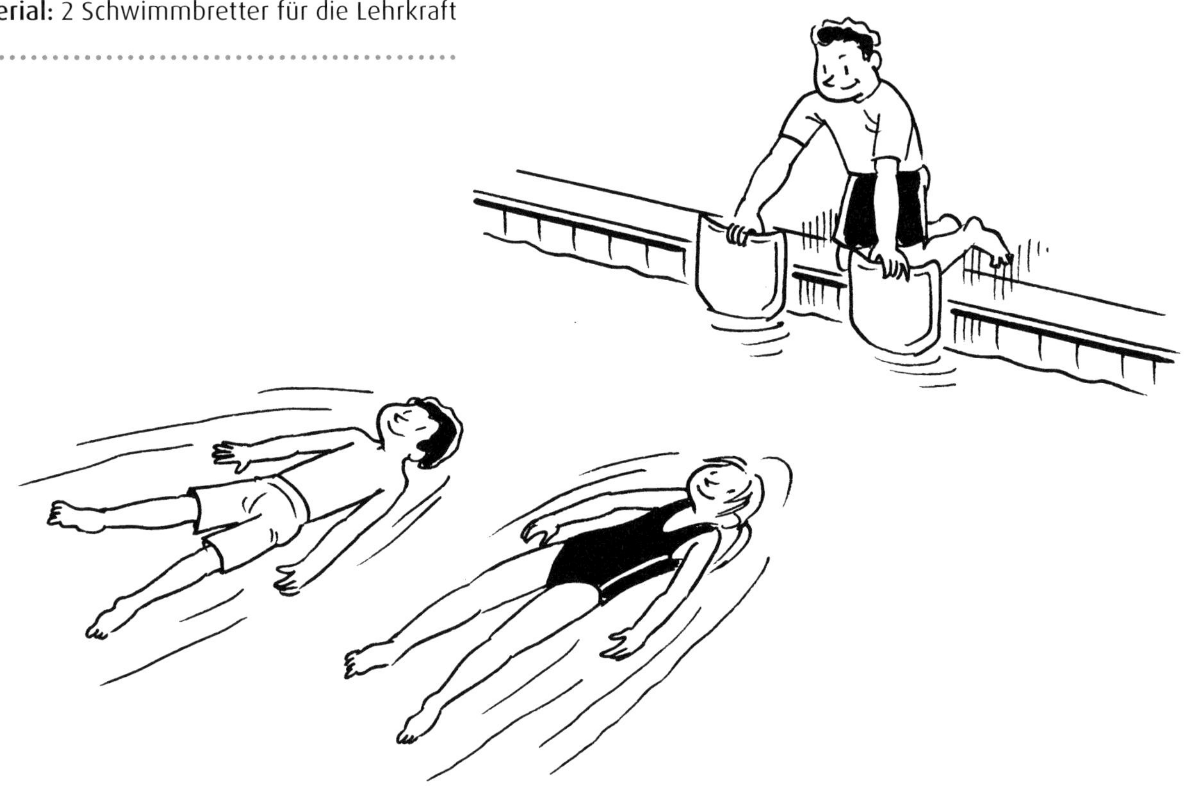

Spielidee

Die Schüler*innen verteilen sich zunächst im Nichtschwimmerbecken mit viel Platz nach rechts und links. Insgesamt werden vier Übungen angeboten. Für jede erfolgreich durchgeführte Schwebeübung dürfen sich die Schüler*innen gedanklich einen Stern gutschreiben. Wer kann vier Sterne sammeln?

Bei der **1. Aufgabe** versuchen die Schüler*innen, sich in der Rückenlage auf das Wasser zu legen, die Arme seitlich, die Beine oben an der Wasseroberfläche zu halten und möglichst am Ort zu bleiben.

Die **2. Aufgabe** wird in der Bauchlage im Nichtschwimmerbecken umgesetzt. Die Schüler*innen versuchen, den Kopf ins Wasser zu legen, auszuatmen und (kurze Zeit) auf dem Wasser zu schweben.

Schwebend auf dem Wasser (2/2)

Die Organisationsform wechselt bei der **3. Aufgabe**. Nach dem Abstoß vom Beckenrand in der Rückenlage wird durch leichten Vortrieb der Beine über eine Querbahn „geschwebt". Dabei sind die Arme seitlich am Körper und helfen, die schwebende Balance zu halten.

Die **4. Aufgabe** ist die anspruchsvollste. Die Arme werden nach dem Abstoß in der Rückenlage in Verlängerung der Schultern gestreckt und es wird ein Vortrieb durch eine leichte Rückenkraulbeinbewegung erzeugt. Gibt es Schüler*innen, die alle vier Sterne ergattern können?

Variation

Wer kann sich auf den Rücken legen und die Arme und Beine im Wechsel auseinander- und zusammenführen. Zunächst werden die Beine zur Seite auf- und dann wieder zur Mitte zugemacht. Danach werden die Arme in Schulterhöhe geführt und wieder zurückgeführt. Zum Abschluss dieser Variation versuchen die Schüler*innen, die Arm- und Beinbewegung gleichzeitig durchzuführen (5. Stern).

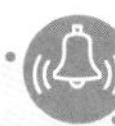

Aufgepasst!

Sie sollten bei den Übungen über die Querbahn am Ziel stehen und die Schüler*innen vor dem Beckenrand warnen, damit es nicht zu gefährlichen Situationen kommt. Wenn Sie sicherheitshalber zwei Schwimmbretter in den Händen halten, können Sie diese im Notfall als Puffer an den Beckenrand halten, damit der Kopf der Schüler*innen nicht an den Beckenrand stößt.

Tipp:

Lassen Sie genügend Abstand zwischen den Schüler*innen, denn gerade in der Rückenlage ist die Orientierung der Schüler*innen stark eingeschränkt.

Synchron im 3er-Team

Ziele: Verbesserung der Differenzierungs- und Anpassungsfähigkeit
Klassenstufe: 3–7
Anspruch: hoch
Becken: Schwimmerbecken
Dauer: ca. 10 Minuten
Material: Es wird kein Material benötigt.

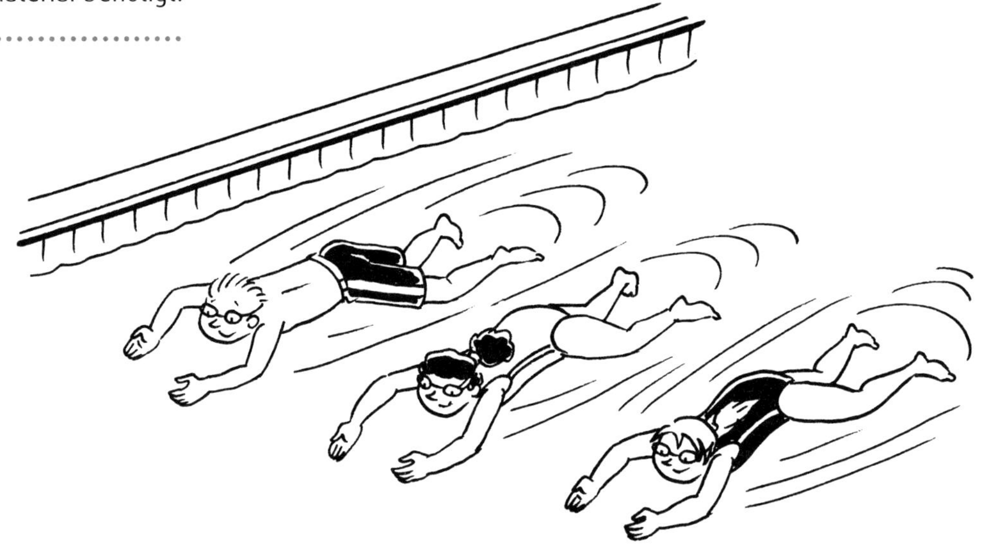

Spielidee

Teilen Sie die gesamte Gruppe in 3er-Teams ein. Die drei Schüler*innen starten auf ein gemeinsames Startkommando und schwimmen möglichst synchron nebeneinander eine Bahn in der Schwimmlage Brust im Schwimmerbecken. Dabei sollen die drei Schüler*innen sich so synchron wie möglich nebeneinander bewegen. Welches 3er-Team liefert die beste Synchronität ab? Beobachten Sie alle Teams und geben Sie den Schüler*innen eine Rückmeldung. Natürlich gibt es Revanchedurchgänge, damit sich die Teams auch steigern und ihre Synchronität optimieren können.

Variation

Nach jedem Durchgang werden die Partner*innen gewechselt, damit sich die Schüler*innen immer wieder auf andere Bewegungsabläufe einstellen müssen.

Tipp:
Ein gemeinsames und erfolgreiches Startkommando ist für den Erfolg ganz wichtig. Die Schüler*innen sollen sich vorher kurz besprechen, mit welcher Intensität sie sich abstoßen, damit es nicht von Anfang an große Abstände gibt.

Aufgepasst!
Als Vorübung eignet sich die Spielidee auch im 2er-Team. Allerdings macht es erst im 3er-Team richtig Spaß und ist eine anspruchsvolle Herausforderung.

Zeitlupenschwimmen

- **Ziele:** Verbesserung des Wassergefühls und Schulung der koordinativen Differenzierungs- und Kopplungsfähigkeit
- **Klassenstufe:** 3–10
- **Anspruch:** hoch
- **Becken:** Schwimmerbecken
- **Dauer:** ca. 10 Minuten
- **Material:** Es wird kein Material benötigt.

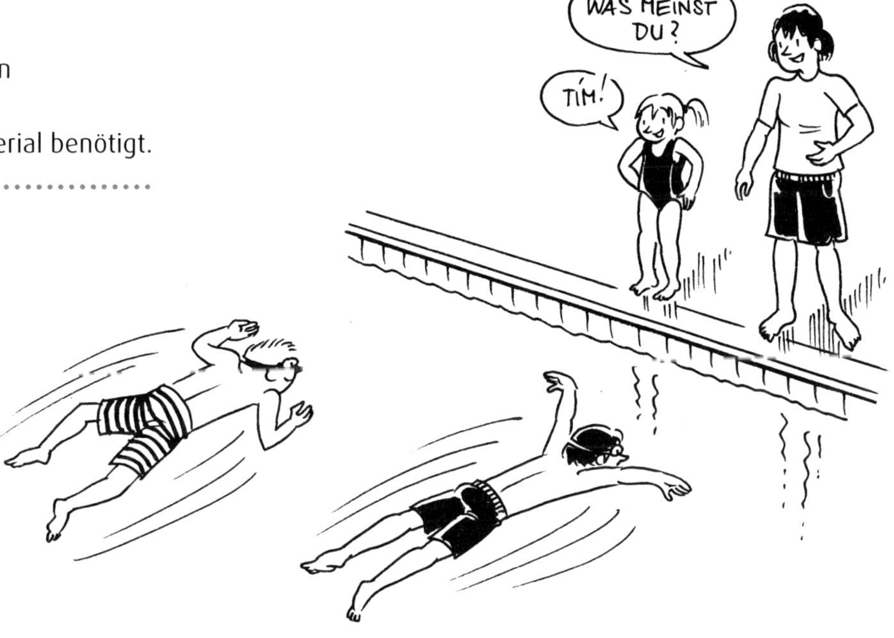

Spielidee

Die Schüler*innen schwimmen eine Bahn Brust im „Zeitlupentempo". Immer drei oder vier Schüler*innen starten gemeinsam und Sie beobachten, welche*r von ihnen die beste Zeitlupenbewegung der Schwimmlage Brust durchführt. Bestimmen Sie, nachdem alle Schüler*innen im Ziel angekommen sind, den*die Sieger*in. Diese Person darf Sie im nächsten Durchgang bei der Siegerermittlung beraten. So motivieren Sie die Schüler*innen, die Zeitlupenbewegung möglichst gut durchzuführen, und übergeben ihnen danach eine interessante und verantwortungsvolle Aufgabe.

Variation

Führen Sie das Zeitlupenschwimmen auch bei den Schwimmlagen Kraul und Rücken durch. Gerade bei diesen beiden Lagen können die geübten Schüler*innen ihre Fähigkeit der „langsam geführten Bewegung" besonders gut unter Beweis stellen.

Tipp:

In der praktischen Umsetzung hat sich gezeigt, dass Schüler*innen, die eine Schwimmlage sicher beherrschen, das Zeitlupenschwimmen gut umsetzen können. Andere Schwimmer*innen benötigen für diese Spielidee mehr Übung.

Aufgepasst!

Die Schwimmlage, die in Zeitlupe geschwommen werden soll, muss zumindest in der Grobform beherrscht werden. Suchen Sie für diese Spielidee die passende Schwimmlage für Ihre Klasse aus.

Wer schwimmt eine aufsteigende Zahlenfolge?

- ✔ **Ziele:** Verbesserung des Zeit- und Wassergefühls
- ✔ **Klassenstufe:** 3–10
- ✔ **Anspruch:** mittel
- ✔ **Becken:** Schwimmerbecken
- ✔ **Dauer:** ca. 10 Minuten
- ✔ **Material:** 1 digitale Stoppuhr, Punktetabelle (siehe Kopiervorlage S. 95)

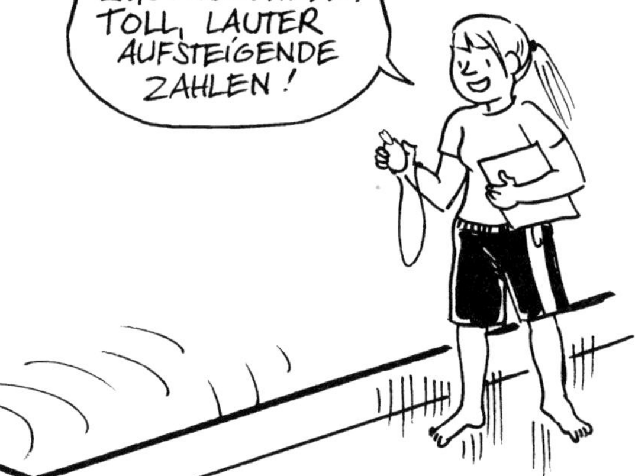

Spielidee

Bei diesem Spiel starten zwei, drei oder vier Schüler*innen nebeneinander über 25 Meter in einer beliebigen Schwimmlage. Stoppen Sie die Zeiten.

Die Aufgabe lautet:
„Schwimme mit deiner gestoppten Zeit über 25 Meter eine aufsteigende Zahlenfolge!" Eine gelungene Zahlenfolge wäre z. B. die Endzeit von 24,67 Sekunden (die Zahlenfolge 2 – 4 – 6 – 7 ist komplett aufsteigend).

Die Wertung geht so:
Es gibt **4 Punkte**, wenn alle Zahlen von vorn bis nach hinten aufsteigend sind (z. B. 24,67 Sekunden). Es gibt **3 Punkte**, wenn die ersten 3 Zahlen aufsteigend sind (z. B. 23,87 Sekunden). Es gibt **2 Punkte**, wenn die ersten beiden Zahlen aufsteigend sind (z. B. 18,24 Sekunden) und ansonsten gibt es **1 Punkt** (z. B. 21,19 Sekunden). Alle Schüler*innen schwimmen drei Durchgänge und sammeln Punkte (siehe Kopiervorlage S. 95).

Variation

Die Spielidee kann auch zur Schulung der Beinschlagbewegung eingesetzt werden. Die Aufgabenstellung lautet dann: „Schwimme 3-mal 25 Meter mit dem Schwimmbrett und sammle möglichst viele Punkte!"

Tipp:
Mit dieser Spielidee bieten Sie allen Schüler*innen – unabhängig vom Leistungsstand – Siegchancen. Alle Schüler*innen schwimmen ihr eigenes Tempo und brauchen nur noch etwas Glück. Auch langsamere Schüler*innen können dieses Spiel gewinnen.

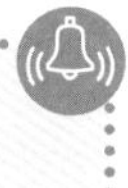

Aufgepasst!
Beachten Sie bitte, dass auch Endzeiten über eine Minute immer in Sekunden aufgeschrieben werden (z. B. 67,21 Sekunden) und die Höchstzeit von 99,99 Sekunden nicht überschritten werden darf (ansonsten gibt es unabhängig von der gestoppten Zeit 0 Punkte).

Kopiervorlage

Wer schwimmt aufsteigende Zahlen?

Name	1. Zeit	Punkte	2. Zeit	Punkte	3. Zeit	Punkte	Gesamtpunkte

Zeitgleich durchs Wasser

- ✔ **Ziele:** Verbesserung der Differenzierungsfähigkeit und Schulung des Zeitgefühls
- ✔ **Klassenstufe:** 5–10
- ✔ **Anspruch:** mittel
- ✔ **Becken:** Schwimmerbecken
- ✔ **Dauer:** ca. 15 Minuten
- ✔ **Material:** 1 digitale Stoppuhr, Zeiten-Tabelle (siehe Kopiervorlage S. 97)

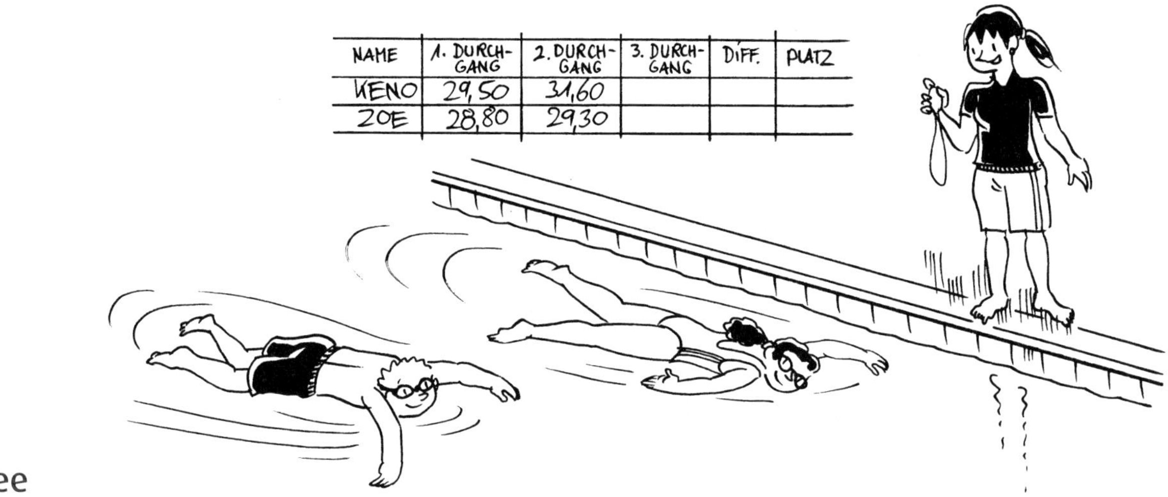

Spielidee

Alle Schüler*innen schwimmen 3-mal eine Bahn im Schwimmerbecken (in der Regel 25 Meter). Stoppen Sie für jeden Durchgang die Zeit. Zwischen den Durchgängen erhalten alle Schüler*innen eine ausreichend lange Pause. Halten Sie die geschwommenen Zeiten auf der Kopiervorlage (siehe S. 97) fest. Am Ende des Spiels errechnen Sie die Differenz zwischen der schnellsten und langsamsten Zeit bei allen einzelnen Schüler*innen. Ein*e Schüler*in schwimmt z. B. 29,50, 31,60 und 30,30 Sekunden – die Differenz wäre 2,10 Sekunden. Schüler*innen, die die geringste Differenz vorweisen, gewinnen das Spiel. Ziel ist es, dass 3-mal möglichst im gleichen Tempo geschwommen wird, die Schwimmlage ist frei wählbar – das Zeitgefühl zählt!

Variation

Bei einer kleineren Gruppe können alle Schüler*innen 5-mal schwimmen. Auch hier wird die Differenz zwischen der schnellsten und langsamsten Zeit errechnet.

Tipp:

Wenn Sie eine große Gruppe haben, dann können je nach Rahmenbedingungen auch drei oder vier Schüler*innen gleichzeitig starten. Sie müssen sich allerdings beim Stoppen und Eintragen der Zeiten die richtige Reihenfolge der Schüler*innen bei der Zielankunft merken.

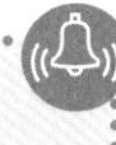

Aufgepasst!

Die besten Chancen auf drei sehr ähnliche Endzeiten haben die Schüler*innen, wenn sie 3-mal möglichst schnell schwimmen. In der praktischen Umsetzung hat sich gezeigt, dass sie so zu den besten Ergebnissen gekommen sind (Voraussetzung ist eine ausreichende Pause). Lassen Sie die Schüler*innen diese Erkenntnis selbst entdecken.

Kopiervorlage

Zeitgleich durchs Wasser

Name	1. Durchgang	2. Durchgang	3. Durchgang	Differenz	Platz

Glückskombination

- **Ziele:** Verbesserung der Kopplungsfähigkeit, Rhythmisierungsfähigkeit und Differenzierungsfähigkeit
- **Klassenstufe:** 7–10
- **Anspruch:** hoch
- **Becken:** Schwimmerbecken
- **Dauer:** ca. 15 Minuten
- **Material:** laminierte Aufgabenkarten (siehe Kopiervorlage S. 99)

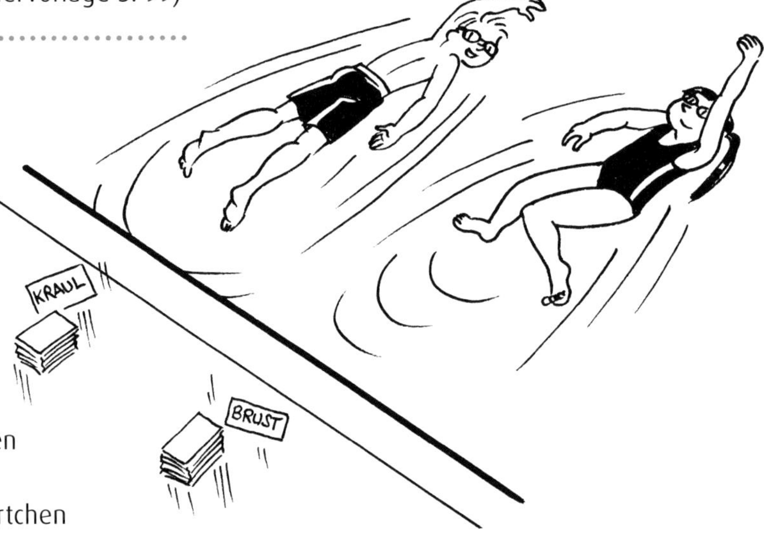

Spielidee

Diese Spielidee ist für fortgeschrittene Schüler*innen geeignet, die die Grobform des Brust-, Kraul- und Rückenschwimmens beherrschen. Legen Sie die Kärtchen der Kopiervorlage (siehe S. 99) verkehrt herum auf zwei Stapel an den Beckenrand. Alle Schüler*innen dürfen sich von jedem Stapel eine Karte nehmen. Die eine Karte gibt die Armbewegung vor und die andere Karte die Beinbewegung. Da ergeben sich ab und zu ungewöhnliche Kombinationen. Die Schüler*innen schwimmen die vorgegebene Kombination über die gesamte Schwimmbahn des Schwimmerbeckens und dürfen – in der Schwimmlage ihrer eigenen Wahl – wieder zurückschwimmen. Schon geht es weiter und zwei neue Kärtchen werden gezogen, um danach die Kombination wieder über eine Schwimmbahn auszuprobieren.

Variation

Im 2er-Team macht es noch mehr Spaß. Ein Teammitglied zieht die Armbewegung, das andere Teammitglied die Beinbewegung und beide versuchen, diese Kombination über eine Schwimmbahn umzusetzen.

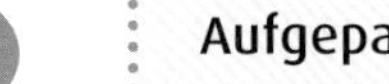

Tipp:
Lassen Sie die Schüler*innen nach einer gewissen Zeit selbst Kombinationen erfinden, dann bekommt die Spielidee nochmals neuen Schwung und die Schüler*innen können ihre Kreativität einbringen.

Aufgepasst!
Um die Spielidee „Glückskombination" umzusetzen, sollten die Schüler*innen die Grundlagen der drei Schwimmlagen (Brust, Kraul, Rücken) in der Grobform beherrschen. Nur dann ist ein Kombinieren der unterschiedlichen Arm- und Beinbewegungen sinnvoll.

Kopiervorlage

Glückskombination

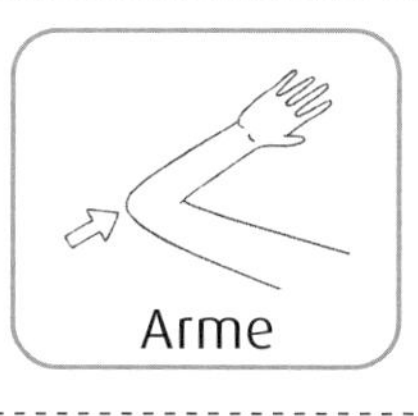

Brust

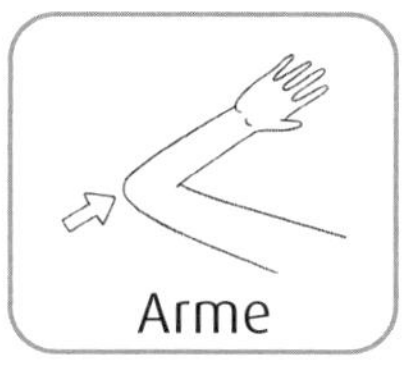

Kraul

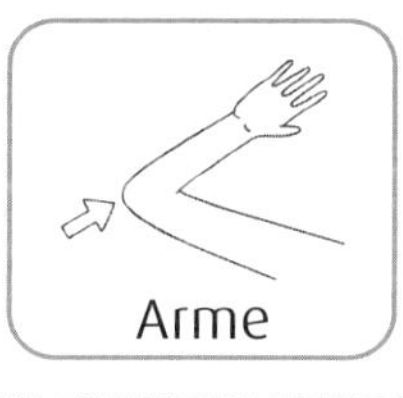

Rückenkraul

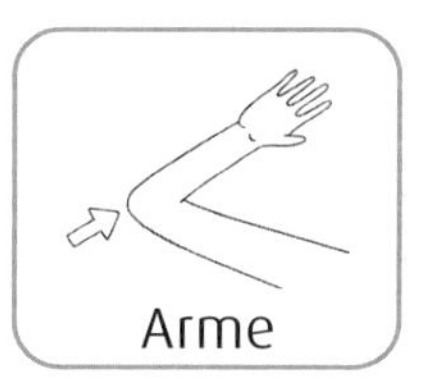

Rückengleichschlag

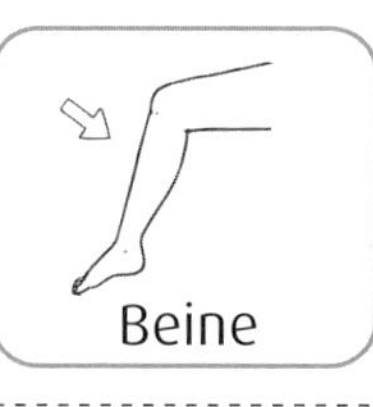

Brust

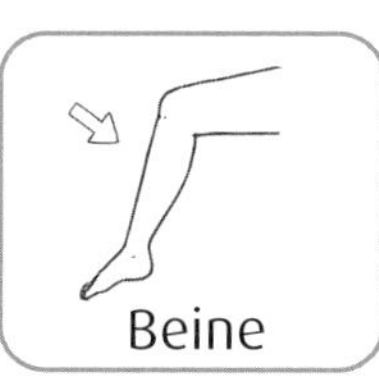

Kraul

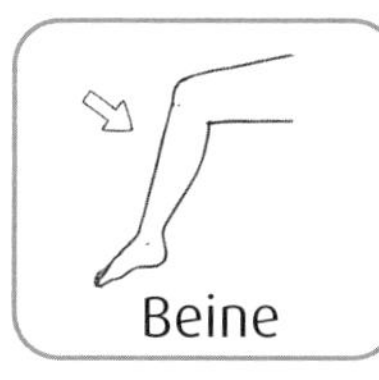

Brust

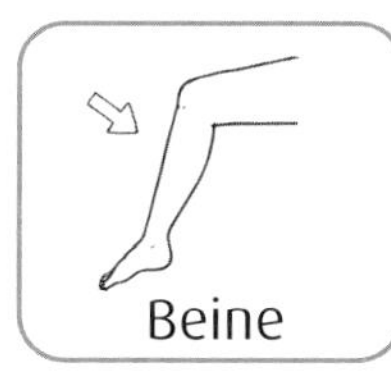

Kraul

Spielerisch ...

zur Verbesserung der Kooperation und sozialen Kompetenz

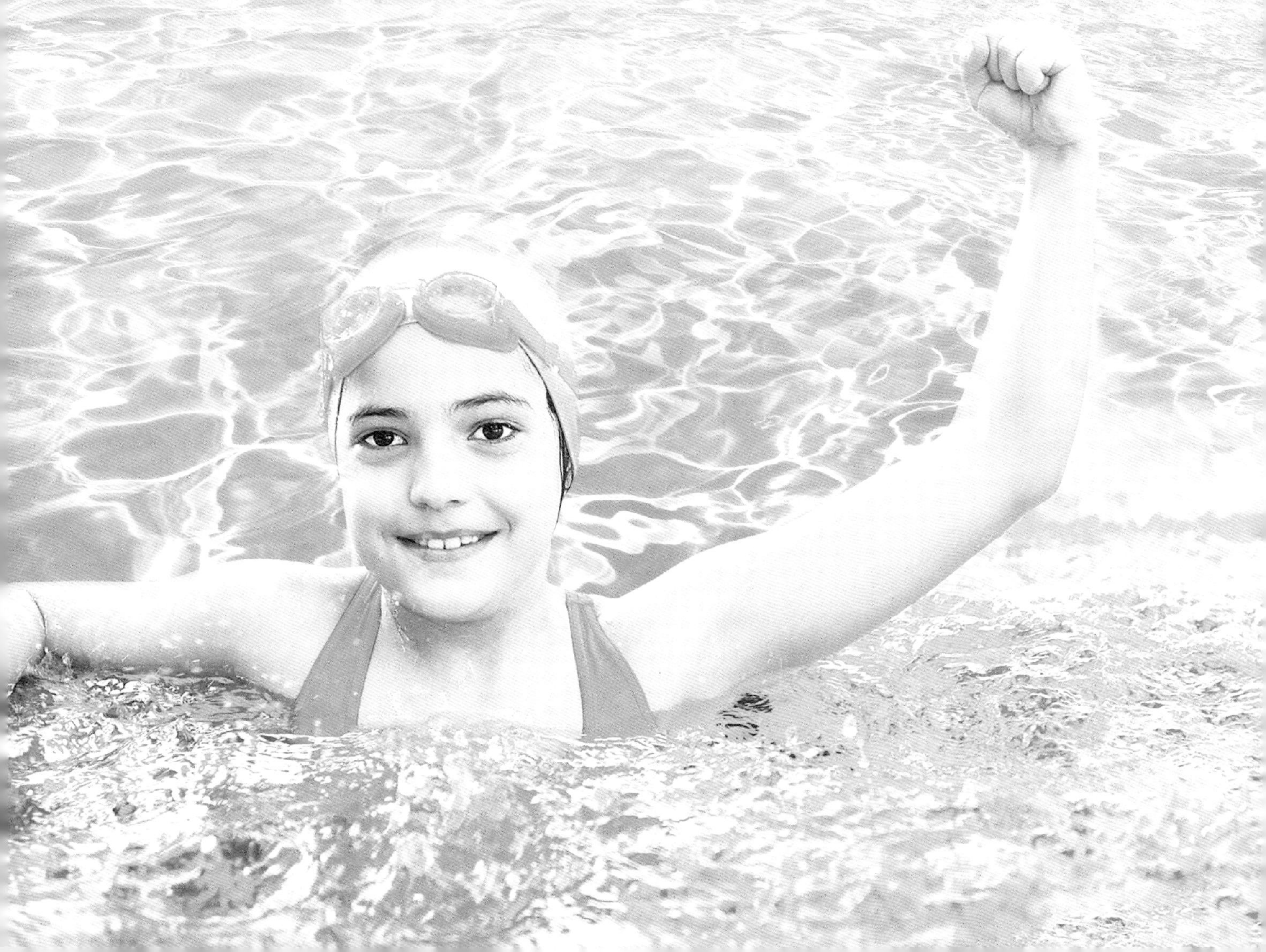

Kooperation und soziale Kompetenz – auf den Punkt gebracht!

So geht's

- Bei den Spielformen zur Verbesserung der Kooperation und der sozialen Kompetenz steht immer das Team im Mittelpunkt der Spielidee.
- Spielideen, bei denen sich die Sportler*innen gegenseitig unterstützen, die eigenen Stärken für den Teamerfolg einbringen und sich auch mal helfen lassen, sind für die Schulung der sozialen Fähigkeiten sehr gut geeignet.

Gut zu wissen!

- Die Schlüsselkompetenzen Kommunikationsfähigkeit, Teamfähigkeit, Kooperationsfähigkeit und Konfliktfähigkeit sind die Basis für die Sozialkompetenz im Sport. Achten Sie mit Ihrem eigenen Tun darauf, dass Sie selbst – auch in schwierigen Situationen – nicht von diesen Fähigkeiten abweichen. Positive Vorbilder wirken auf die Schüler*innen prägend.

Das ist wichtig:

- Es muss darauf geachtet werden, dass bei einem Misserfolg einer Mannschaftsaufgabe der Duktus der verbalen Kommunikation weiterhin wertschätzend zwischen allen Teammitgliedern bleibt, unabhängig vom Grad der Mitschuld am Ergebnis.

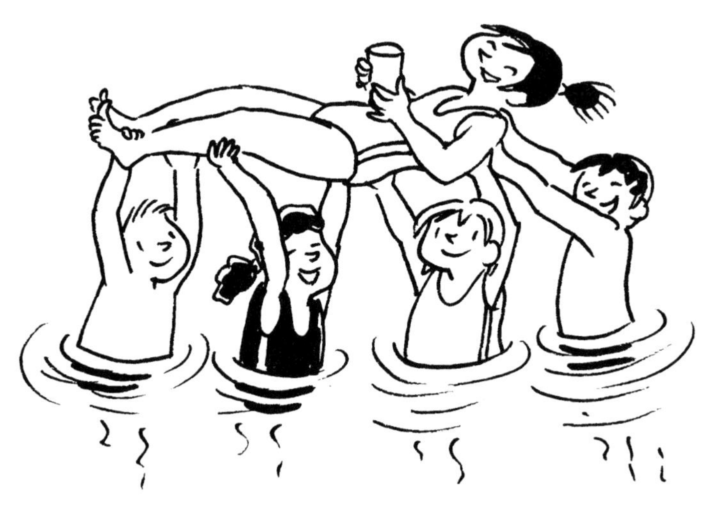

Gemeinsame Zielsetzungen stärken den Zusammenhalt

Laufendes Tierarztteam

- **Ziele:** Verbesserung der Kooperation und Kommunikation im Team
- **Klassenstufe:** 3–5
- **Anspruch:** gering
- **Becken:** Nichtschwimmerbecken
- **Dauer:** ca. 10 Minuten
- **Material:** pro 6er-Team verschiedene Gegenstände, wie mind. je 1 Becher, Schwimmbrille, Tischtennisball, Tauchring etc.

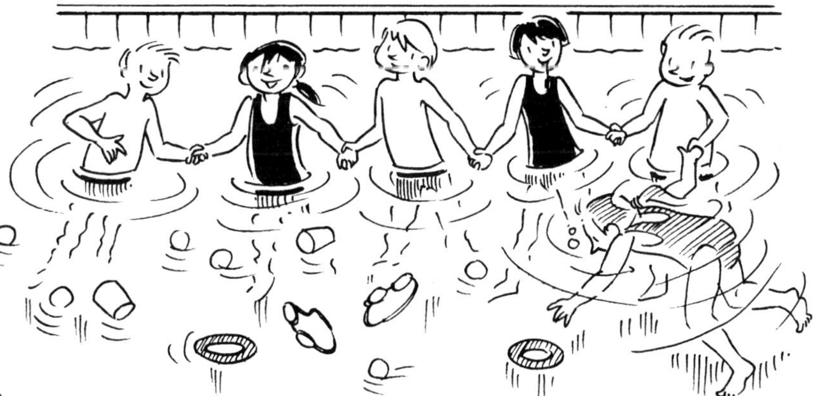

Spielidee

Bilden Sie 6er-Teams („Tierarztteams") und achten Sie darauf, dass alle Schüler*innen im Nichtschwimmerbecken stehen können. Das „Tierarztteam" bewegt sich in unbekanntem Gewässer. Daher ist es besonders wichtig, dass sich alle Personen eines „Tierarztteams" an den Händen halten und sich nicht loslassen – sogar dann, wenn für kurze Zeit getaucht werden muss. Auf der Wasseroberfläche und am Beckenboden befinden sich verschiedene Gegenstände („Tiere"), die gerettet werden müssen. Ein „Tierarztteam" läuft im Wasser zu einem „Tier". Die vorderste Person in der Kette des „Tierarztteams" sichert das „Tier" und sorgt dafür, dass es sicher an Land gebracht wird. Anschließend reiht sich die Person in die letzte Position ein. Eine andere Person ist nun vorn, hat das Kommando über die „Tierarztkette" und möchte das nächste „Tier" retten. Welches „Tierarztteam" hat am Ende die meisten „Tiere" aus dem unbekannten Gewässer retten können?

Variation

Jeder Gegenstand kommt genauso häufig vor, wie es „Tierarztteams" gibt. Welches Team schafft es zuerst, von jedem Gegenstand ein Exemplar an Land zu retten?

Tipp:

Erklären Sie den Schüler*innen deutlich, an welcher Stelle die jeweiligen Teams ihre gesammelten Gegenstände ablegen müssen.

Aufgepasst!

Achten Sie darauf, dass die „Tierarztkette" nicht unterbrochen wird, um eine Chancengleichheit zu gewährleisten.

Kreisball im Sitzkreis

- ✔ **Ziele:** Stärkung des Teamgedankens sowie Verbesserung der Wurf- und Fangsicherheit bei einer instabilen Unterlage und dadurch Schulung der Gleichgewichtsfähigkeit
- ✔ **Klassenstufe:** 3–6
- ✔ **Anspruch:** mittel
- ✔ **Becken:** Nichtschwimmerbecken
- ✔ **Dauer:** ca. 10 Minuten
- ✔ **Material:** pro Schüler*in 1 Schwimmbrett, 1 Ball

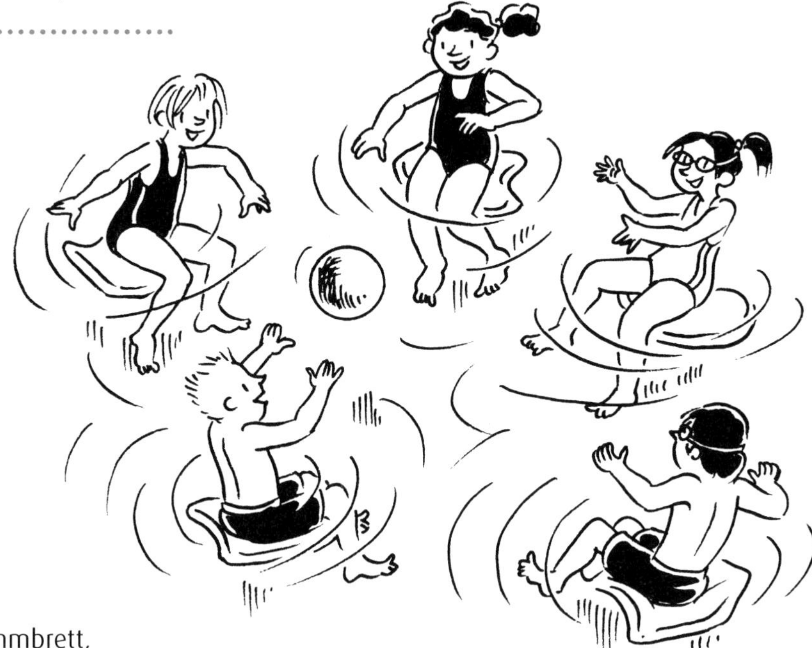

Spielidee

Alle Schüler*innen erhalten ein Schwimmbrett, bilden einen großen Kreis im Nichtschwimmerbecken und setzen sich darauf. Wenn alle Schüler*innen sitzen, geben Sie einer Person einen Ball und diese Person wirft den Ball (sitzend auf dem Schwimmbrett) zur nächsten Person, die ebenfalls auf ihrem Schwimmbrett sitzt. Das Ziel des gesamten Teams ist, dass der Ball von Schüler*in zu Schüler*in geworfen wird und nach einer Runde wieder am Startpunkt ankommt. Dabei darf der Ball nicht ins Wasser kommen und alle Schüler*innen, die gerade werfen, müssen in diesem Moment auf jeden Fall auf ihrem Schwimmbrett sitzen, damit das Ziel „Kreisball im Sitzkreis" erreicht wird. Schafft es die Gruppe, das Gruppenziel gemeinsam zu erreichen?

Variation

Damit mehrere Schüler*innen aktiv sind, versuchen Sie die gleiche Spielform mit drei, vier oder fünf Bällen aus, dann ist noch mehr Dynamik im Spiel.

Tipp:
Für manche Schüler*innen ist das Sitzen auf dem Schwimmbrett eine wacklige Angelegenheit. Üben Sie zunächst das sichere Sitzen auf dem Schwimmbrett, bevor Sie den Teamwettkampf „Kreisball im Sitzkreis" anbieten.

Aufgepasst!
Das Schwimmbrett rutscht manchmal nach vorn raus und die Schüler*innen kippen nach hinten. Aus diesem Grund muss sowohl die Spielform als auch die Übungsform mit einem ausreichenden Sicherheitsabstand vom Beckenrand durchgeführt werden.

Werttransport

- **Ziele:** Verbesserung des Zusammengehörigkeitsgefühls und die Fähigkeit, aufeinander Rücksicht zu nehmen
- **Klassenstufe:** 3–7
- **Anspruch:** mittel
- **Becken:** Nichtschwimmerbecken
- **Dauer:** ca. 5 Minuten
- **Material:** pro 5er-Team 1 Becher

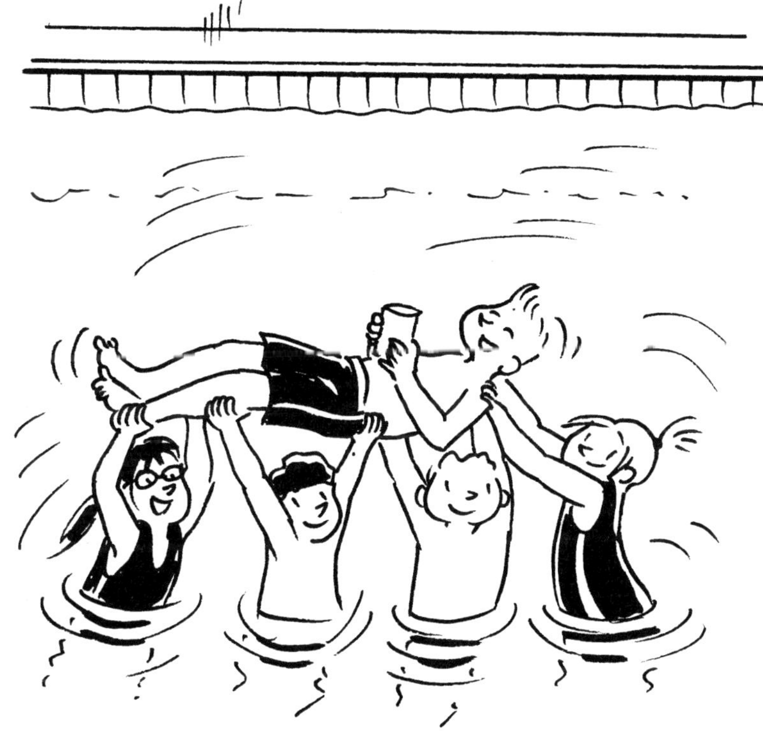

Spielidee

Bilden Sie 5er-Teams. Vier Teammitglieder stehen im Nichtschwimmerbecken. Sie strecken die Arme nach oben. Das fünfte Teammitglied legt sich in Rückenlage auf die ausgestreckten Arme und wird über das Wasser transportiert.
Das transportierte Teammitglied hält einen vollen Wasserbecher in den Händen.
Es gewinnt das Team, welches am anderen Ende des Beckens am wenigsten Wasser aus dem Becher verloren hat. Die Geschwindigkeit ist nicht relevant. Ziel ist es, die wertvolle Ware höchst sorgfältig zu transportieren.

Variation

Das transportierte Teammitglied hält in jeder Hand jeweils einen vollen Wasserbecher.

Tipp:
Führen Sie mehrere Durchgänge durch. Die 5er-Teams müssen in der Regel erst zusammenfinden und sich aufeinander einlassen.

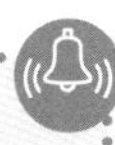

Aufgepasst!
Der Beckenrand sollte nicht gleichzeitig die Ziellinie markieren, um Unfälle zu vermeiden, wenn das transportierte Teammitglied heruntergelassen wird. Markieren Sie die Ziellinie 1 Meter vor dem Beckenrand.

Flotter Reifen

- **Ziele:** Verbesserung der Geschicklichkeit und der Kooperationsfähigkeit
- **Klassenstufe:** 3–7
- **Anspruch:** gering
- **Becken:** Nichtschwimmerbecken
- **Dauer:** ca. 5 Minuten
- **Material:** pro Team 1 Reifen

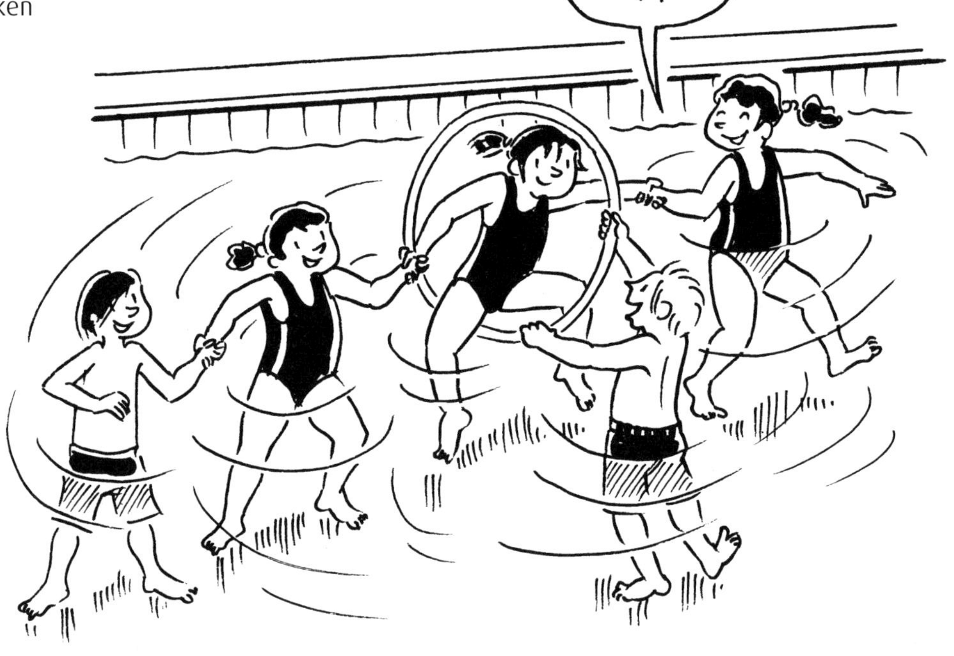

Spielidee

Bilden Sie zwei Mannschaften. Von jeder Mannschaft erhält ein Teammitglied einen Reifen. Die übrigen Teammitglieder befinden sich hinter dem Reifen und halten sich an den Händen. Wichtig dabei ist, dass die Schüler*innen im Nichtschwimmerbecken stehen können. Auf ein Startsignal wird versucht, dass ein Teammitglied nach dem anderen durch den Reifen steigt ohne seine beiden Teammitglieder, die es an den Händen hält, loszulassen. Bei welcher Mannschaft sind zuerst alle Teammitglieder durch den Reifen gestiegen?

Variation

Verändern Sie die Spielidee ganz einfach, indem sich nicht die Teams bewegen, sondern das Teammitglied, das den Reifen hält. Es versucht entsprechend, den Reifen vom ersten bis zum letzten Teammitglied durchzuführen. Die Bewegung geht bei dieser Variante von dem einzelnen Teammitglied aus, während die anderen möglichst an einer festen Stelle in der Reihe stehen bleiben, sich an den Händen halten und sich für ihren Durchstieg bereithalten.

Tipp:

Wechseln Sie die Schüler*innen, die den Reifen halten, sodass mehrere Schüler*innen Verantwortung für den Reifen tragen.

Aufgepasst!

Schüler*innen, die den Reifen halten, müssen unbedingt rücksichtsvoll mit ihren Teammitgliedern umgehen, um Verletzungen mit dem Reifen auszuschließen.

Alle sind wichtig!

- **Ziele:** Fokussierung auf ein gemeinsames Gruppenziel, Besprechung und Abwägung von Stärken; Verbesserung der aeroben Ausdauer
- **Klassenstufe:** 4–10
- **Anspruch:** mittel
- **Becken:** Schwimmerbecken
- **Dauer:** ca. 10 Minuten
- **Material:** Schwimmbretter für 1/3 der Schüler*innen

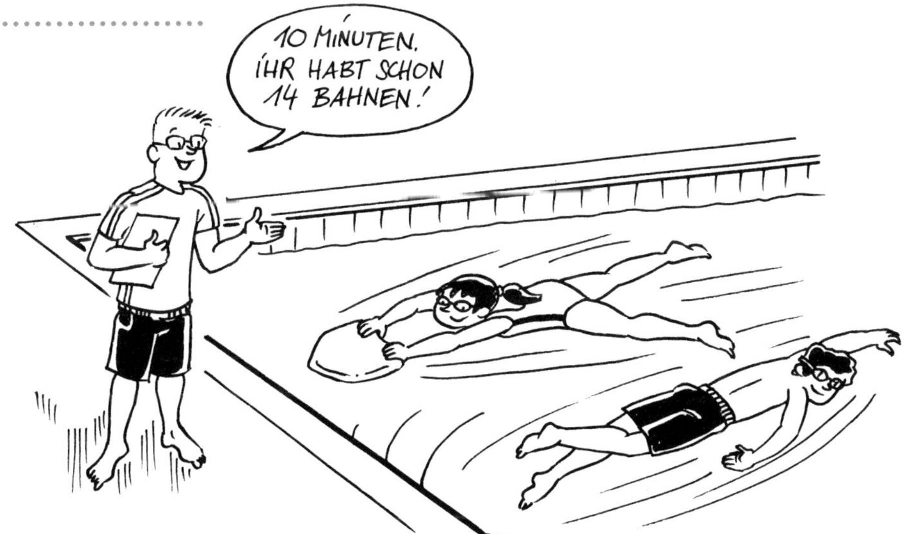

Spielidee

Die gemeinsame Aufgabe für die gesamte Gruppe lautet: „Alle Schüler*innen sollen in 10 Minuten so viele Bahnen im Schwimmerbecken schwimmen wie möglich." Teilen Sie die gesamte Gruppe in drei gleich große Teams mit verschiedenen Aufgaben ein. Die Schüler*innen der Gruppe 1 sollen in den 10 Minuten möglichst viele Bahnen Brust schwimmen. Die Schüler*innen der Gruppe 2 sollen möglichst viele Bahnen mit dem Schwimmbrett schwimmen (freie Wahl des Beinschlags) und die Schüler*innen der Gruppe 3 sollen bei freier Lagenwahl (Kraul, Brust und Rücken möglich) möglichst viele Bahnen schwimmen. In einer gemeinsamen Besprechung werden die Stärken der einzelnen Schüler*innen herausgearbeitet, sodass alle einer passenden Schwimmgruppe zugeordnet werden können. Das Gruppenziel – insgesamt möglichst viele Bahnen zu schwimmen – ist der Leitgedanke für die Zuordnung. Anschließend wird geschwommen und alle Schüler*innen zählen ihre Bahnen. Die geschwommenen Bahnen werden addiert und die Gesamtanzahl der Gruppe errechnet. Wie viele Meter konnten gemeinsam geschwommen werden?

Variation

Sie können je nach Leistungsfähigkeit Ihrer Schüler*innen den drei Gruppen auch andere Schwimmaufgaben zur Auswahl geben.

Tipp:
Mit dem Ziel, die „eigene Bestmarke zu knacken", macht es großen Sinn, die Spielidee „Alle sind wichtig!" in den folgenden Wochen 2- bis 3-mal zu wiederholen. Der eigene Gruppenrekord ist eine ideale Herausforderung und ein gut zu erreichendes Ziel.

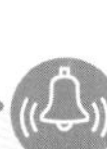

Aufgepasst!
Die Besprechung und Einteilung der Schüler*innen sollte im Einvernehmen stattfinden. Begleiten Sie die Gruppenarbeit und greifen Sie nur ein, wenn einzelnen Schüler*innen nicht die ausreichende Wertschätzung entgegengebracht wird.

Im Team zum Sieg

- ✔ **Ziele:** Verbesserung des Teamgedankens und des Wir-Gefühls
- ✔ **Klassenstufe:** 4–10
- ✔ **Anspruch:** gering
- ✔ **Becken:** Nichtschwimmerbecken
- ✔ **Dauer:** ca. 5 Minuten
- ✔ **Material:** 2 Wasserbälle

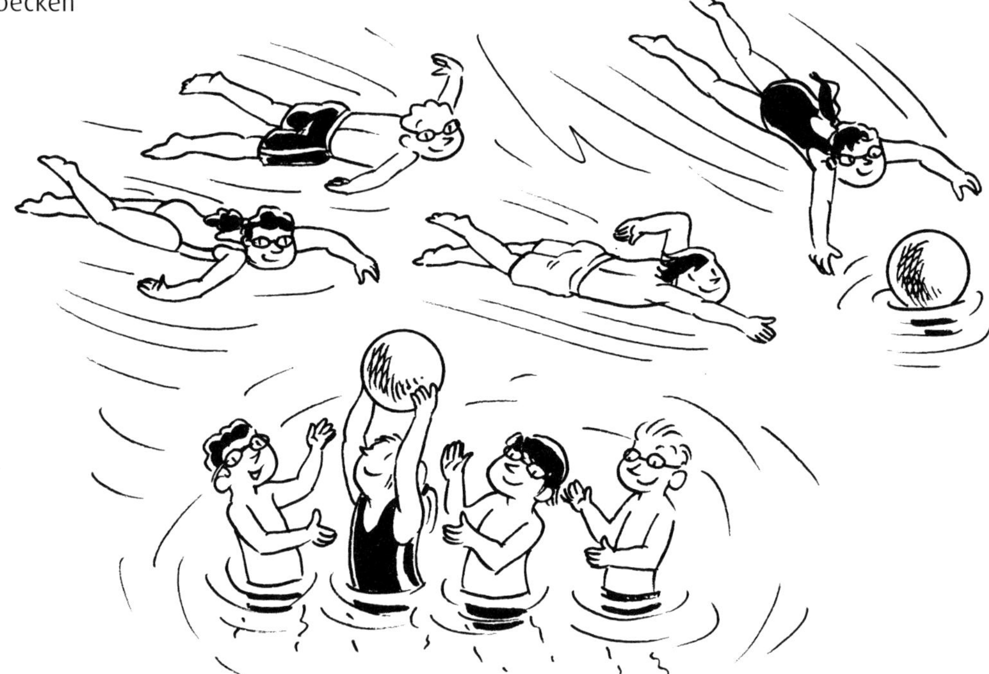

Spielidee

Bilden Sie zwei Mannschaften. Jede Mannschaft erhält einen Wasserball. Die Mannschaften sammeln sich im Nichtschwimmerbecken und bilden einen kleinen Kreis um ihren Ball. Auf Pfiff wirft ein Teammitglied beider Mannschaften den Ball an eine beliebige Stelle im Becken. Die Teammitglieder müssen gemeinsam zum Ball der gegnerischen Mannschaft schwimmen, sich hintereinander aufstellen und sich den Ball über Kopf übergeben. Einen Punkt bekommt die Mannschaft, bei der der Ball zuerst beim letzten Teammitglied angekommen ist. Welche Mannschaft hat zuerst fünf Punkte?

Variation

Bestimmen Sie die Schwimmlage, die zum Ball geschwommen werden muss, und variieren Sie den*die Ballwerfer*in.

Tipp:
Geben Sie nach einigen Versuchen den Hinweis, dass sich die Schüler*innen untereinander helfen dürfen, indem schwächere Schüler*innen beispielsweise gezogen werden, um schneller an den Ball zu kommen.

Aufgepasst!
Der Ball darf nicht in einen Bereich außerhalb des Beckens geworfen werden. Der Punkt geht dann automatisch an die gegnerische Mannschaft.

Anhang

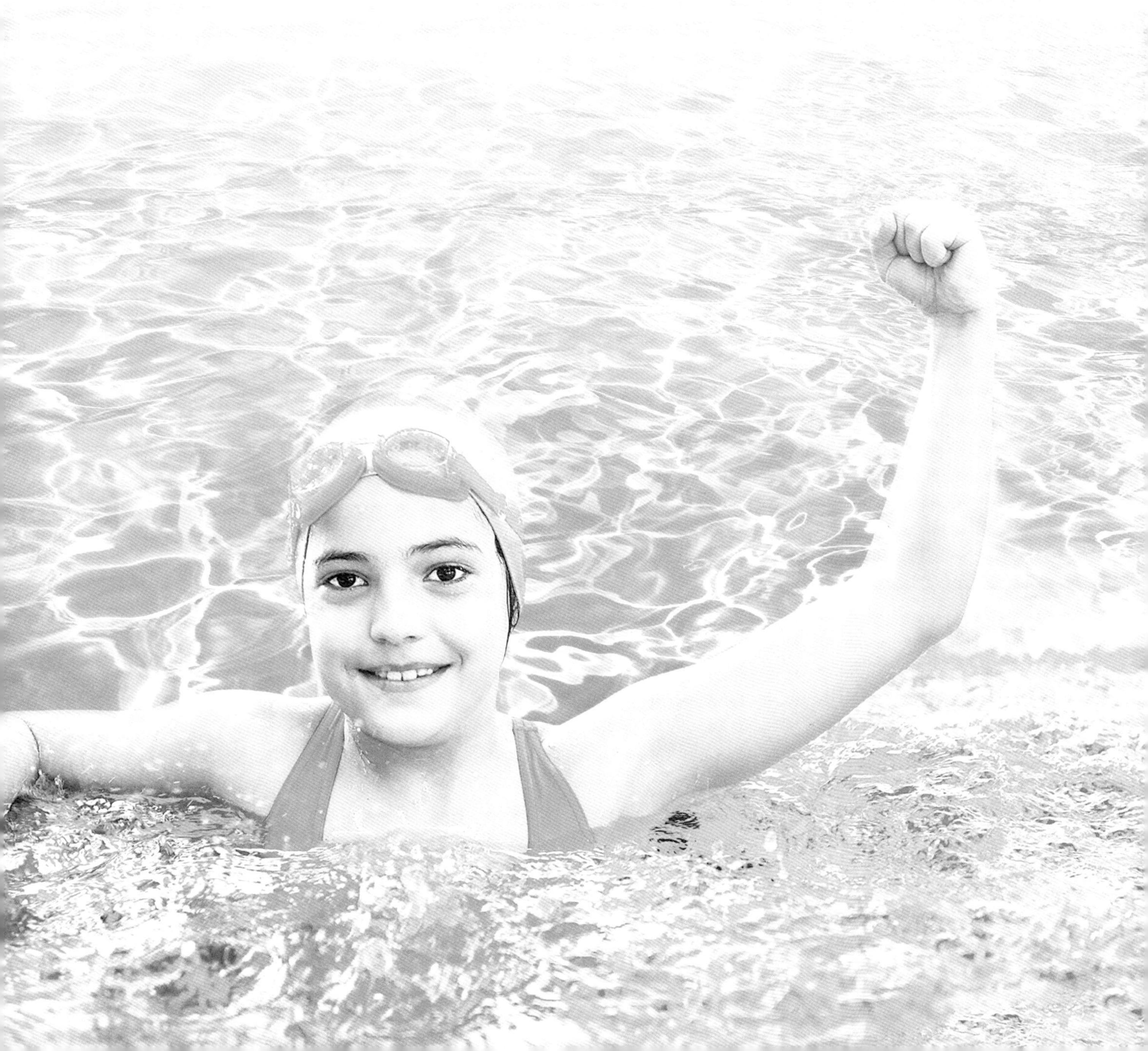

Über die Autoren

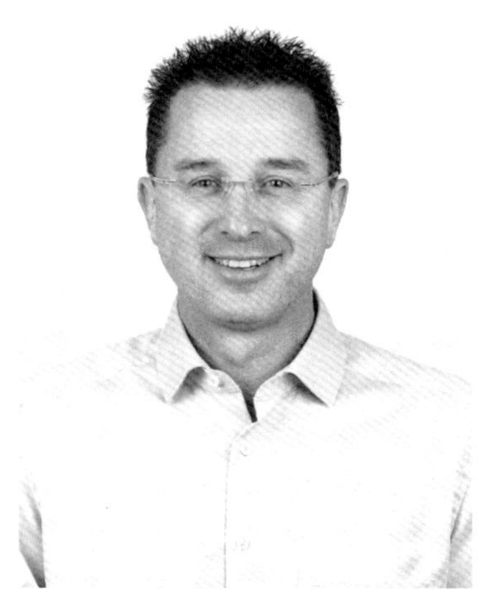

Christian Reinschmidt

Christian Reinschmidt ist Schulleiter der Sportschule Baden-Baden Steinbach. Der Diplom-Sportlehrer ist seit über 20 Jahren in der Trainer- und Übungsleiterausbildung tätig. Während seiner langjährigen Trainertätigkeit im Schwimmsport sammelte er vielseitige Erfahrungen im Kinder- und Jugendtraining. Die kindgerechte, spielerische und freudbetonte Schulung im Sport ist seine Philosophie für eine langfristige Motivation der Heranwachsenden für die Bewegung.

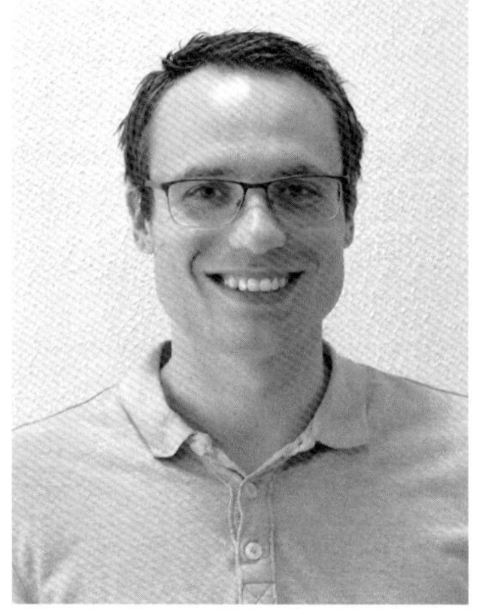

Christian Hensel

Christian Hensel ist hauptberuflich Lehrer für die Fächer Sport und Mathematik am Windeck-Gymnasium in Bühl. Seit über zehn Jahren ist er nebenberuflich als Schwimmtrainer im Kinder- und Jugendbereich tätig und konnte in dieser Zeit zahlreiche praktische Erfahrungen sammeln. Neben der leistungssportlichen Ausbildung der Schwimmer*innen ist seine Trainingsphilosophie davon geprägt, die Persönlichkeitsentwicklung der Kinder und Jugendlichen dauerhaft positiv zu beeinflussen.

Medientipps

Literatur

Büngers, Beate & Rücker, Kristin:
Fundgrube Sportunterricht: Schwimm- und Wasserspiele
Auer Verlag, Augsburg 2015
ISBN 978-3-403-07674-2

Lohfink, Tanja:
Spiel und Spaß beim Kinderschwimmen
Books on Demand, Norderstedt 2019
ISBN 978-3-7504-3467-7

Neubauer, Frederike:
30 x Schwimmen für 90 Minuten
Fertige Stunden von Wassergewöhnung bis zur Verbesserung der Schwimmtechnik
Verlag an der Ruhr, Mülheim an der Ruhr 2013
ISBN 978-3-8346-2321-8

Reinschmidt, Christian:
Schwimm-Training – mehr als nur Bahnen ziehen
60 neue Spiel- und Übungsformen
Verlag an der Ruhr, Mülheim an der Ruhr 2008
ISBN 978-3-8346-0441-5

Schneider, Rüdiger:
Schwimmen
Wassergewöhnung – Technik und Methodik der 4 Hauptlagen – Starts und Wenden
Copress Verlag, Grünwald 2012
ISBN 978-3-7679-1077-5

Internet

www.sichere-schule.de
Hier werden kompakt die Schwimmstile einschließlich Starts und Wenden in der Technik beschrieben, mit Videos unterlegt und mit methodischen Übungen versehen.

www.bildungsserver.hamburg.de
Unter der Rubrik „sich-im-wasser-bewegen" gibt es vielseitige, auch spielerische Anregungen.

www.mobilesport.ch
Hier lassen sich unterschiedliche Materialien, auch für fortgeschrittene Schwimmer*innen, finden.